AF456744

VIE

DU DUC

DE LA ROCHEFOUCAULD

LIANCOURT

(FRANÇOIS-ALEXANDRE-FRÉDÉRIC).

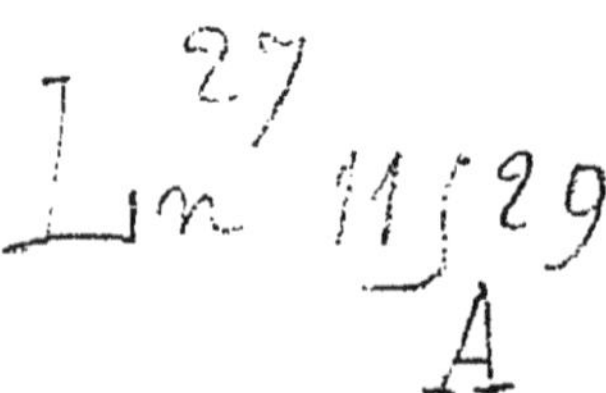

VIE

DU DUC

DE LA ROCHEFOUCAULD

LIANCOURT

(FRANÇOIS-ALEXANDRE-FRÉDÉRIC),

PAR

FRÉDÉRIC GAËTAN,

Marquis de La Rochefoucauld-Liancourt,

SON FILS.

PARIS,

DE L'IMPRIMERIE DE A. HENRY,

RUE GÎT-LE-COEUR, N° 8.

1831.

PRÉFACE.

Mon père avait passé quatre-vingts ans ; cependant la force de sa constitution m'avait donné l'espoir et même la conviction intime qu'il n'était pas près de sa fin. Sa perte a été pour moi tout-à-fait imprévue. Sous d'autres rapports, elle est non seulement une grande douleur dans mon cœur, mais encore un grand malheur dans ma vie. Aussi ai-je eu le besoin de m'occuper de lui constamment depuis sa mort, et ce que j'ai regardé comme le devoir de retracer ses bonnes actions, a été pour moi, sinon une consolation, au moins un adoucissement au sein des regrets.

Il est vrai que cet écrit peut paraître inutile. La mémoire de mon père est vénérée, et de dignes interprêtes de l'opinion publique lui ont rendu hommage *. En outre mon père nous disait souvent : « Je n'ai pas de vanité ; » et jamais mot ne fut plus vrai. Aussi n'ai-je pas prétendu rehausser sa réputation assez bien établie ; mais il m'a semblé que c'était à nous que le tableau de sa vie était nécessaire. Personne encore n'en a publié les détails, et je pouvais seul les recueillir tous, parce que j'ai été seul auprès de lui dans les circonstances les plus graves, dans les temps les plus orageux de la révolution. Je me suis donc cru obligé envers notre famille, et envers d'autres peut-être, de réunir toutes ses bonnes actions, afin que

* Il m'est impossible de ne pas rappeler ici les discours de M. le comte Mollien, M. le duc de Doudeauville, M. le duc de Broglie, M. le baron Pasquier, M. Benjamin Constant et M. Charles Dupin.

nous pussions nous servir de sa vie comme d'un modèle pour diriger l'éducation et préparer l'avenir de nos enfans.

Voilà mes motifs : je les soumets au jugement public, et quelle que soit la décision en ce qui me concerne, on reconnaîtra du moins que la vie de mon père ajoute un homme dignement illustre à ceux que notre famille a déjà donnés à notre patrie.

VIE

DU DUC

DE LA ROCHEFOUCAULD

LIANCOURT

(FRANÇOIS-ALEXANDRE-FRÉDÉRIC).

FRANÇOIS-ALEXANDRE-FRÉDÉRIC, d'abord duc de Liancourt, ensuite duc de La Rochefoucauld, naquit le 11 janvier 1747.

Doué d'une belle figure, d'un maintien noble et d'une haute taille, il entra dès sa première jeunesse au service militaire dans les carabiniers. Ce fut à la Flèche qu'il y fut reçu, et M. de Poyanne, pour célébrer ce jour de fête, ordonna un exercice à la suite duquel on dansa sur le champ de bataille au son des trompettes et des clairons. On ne rencontrait alors que plaisir et magnificence; la monarchie allait toute seule : tout était de luxe, même le service de l'État.

M. de Liancourt fut, dès son entrée dans le monde, un des jeunes seigneurs les plus brillans. Le duc d'Estissac, son père, fort aimé du Roi Louis XV, dont sa charge de grand-maître de la garde-robe l'approchait chaque jour, procurait naturellement à son fils tous les avantages que la cour peut offrir. Les honneurs lui arrivaient par droit d'hérédité; aussi le vicomte de La Rochefaucauld, qui était d'une branche cadette, éprouvait-il un regret sincère de ne pouvoir prétendre aux mêmes distinctions : « Mon malheur a voulu, écrivait-il, que le duc de La Rochefoucauld, comme l'aîné, et le duc de Liancourt, comme ayant la charge, auront tous deux le cordon bleu; je ne peux donc prétendre à rien! » A rien? Parce qu'il ne peut pas avoir le cordon bleu! Tels étaient souvent les sentimens de la noblesse depuis le règne de Louis XIV *.

* Le vicomte de La Rochefoucauld écrivait ces paroles en 1768, mais il fut consolé en 1774, parce que M. de Maurepas, qui l'aimait beaucoup et qui devint alors premier ministre, le fit nommer un des quatre ôtages du sacre, auxquels il est d'usage de donner le cordon bleu.

Toutefois, comme je veux exposer avec la plus exacte vérité tout ce qu'on a dit et pensé de mon père, j'avouerai qu'on le jugeait à la cour un jeune homme de peu de capacité, parce qu'un défaut de prononciation, une faible éducation, telle que la recevaient autrefois les fils des grands seigneurs, et trop de réflexion peut-être, lui ôtaient cette conversation vive et piquante qui est en France le seul caractère reconnu de l'esprit et de l'habileté. Aussi rechercha-t-il de préférence les hommes graves et instruits de quelque pays qu'ils fussent, lors même qu'ils étaient étrangers aux sociétés de la cour.

Dès l'âge de vingt-et-un ans, il sentit le besoin de voyager, mais utilement, pour s'instruire, et se rendit en Angleterre où il fut sérieux et curieux, ce qui plaît toujours aux Anglais. Madame du Deffand écrivait le 24 mai 1769 à M. Walpole : « Tout le bien que vous m'avez dit de M. de Liancourt m'a donné envie de le connaître. Je l'ai trouvé fort naturel, fort simple. » M. Walpole lui répondit : « Je ne suis pas surpris qu'il vous ait plu. C'est de tous vos Français celui qui me revenait le plus; il a beaucoup d'âme et point d'affectation. »

M. Walpole prédit dès-lors que M. de Liancourt *n'aimerait point à pratiquer les sots*, et on a remarqué, dans les habitudes de sa vie, qu'il a toujours évité les choses futiles avec le plus grand soin. N'aimant point le jeu, ne recherchant point la vaine réputation des salons, ennuyé aisément par une conversation oiseuse, et craignant surtout la perte du temps, il fuyait, quelquefois même avec trop peu de ménagement, toutes sociétés inutiles qui lui semblaient fastidieuses.

Le duc d'Estissac *, son père, le fit adjoindre, dès l'année 1768, à la charge de grand-maître de la garde-robe du Roi, mais continua de l'exercer pendant la vie de Louis XV. Le duc de Liancourt était, à cette époque, accueilli presque comme un fils par le duc de Choiseul, premier ministre. Il était sans cesse chez lui à Versailles, et il semblait

* Louis-Armand-François de La Rochefoucauld, d'abord comte de Marthon, puis duc d'Estissac, mort en 1783, avait épousé, en décembre 1736, Marie, demoiselle de La Rocheguyon, fille du duc Alexandre de La Rochefoucauld, née en décembre 1718, morte en septembre 1789.

que ce fût à cause du ministre qu'il faisait assidûment sa cour au Roi. Aussi lorsque ce monarque, pour complaire à madame Dubarry, renvoya M. de Choiseul et l'exila à Chanteloup, M. de Liancourt fut fidèle à l'amitié qu'il avait contractée. Il fut un des courtisans du ministre en exil; il était sans cesse à Chanteloup, et ne consentit jamais à paraître chez madame Dubarry. Il allait rarement à Versailles, où le Roi lui montrait un visage sévère et mécontent. Il commença donc, dès l'âge de vingt-trois ans, à éprouver une disgrâce de cour, et peut-être trouva-t-il dès-lors qu'il y a quelque chose de noble dans ces sortes de positions.

Mais il ne pouvait pas être toute l'année à Chanteloup, il s'ennuyait de Paris et encore plus de Versailles; ce fut alors qu'il s'attacha à sa terre de Liancourt. Il l'habita plus souvent même que son père, et aussi souvent que son service militaire le lui permettait. Il y reçut les étrangers les plus distingués, entr'autres le 16 juin 1773, lord et lady Spencer et leur fille Georgina, qui fut depuis la belle duchesse de Devonshire.

La terre de Liancourt était célèbre par la

beauté de ses jardins, où tout ce que l'art peut créer était joint à tout ce que la nature peut prodiguer de plus délicieux. Un site charmant exposé aux premiers rayons du soleil, une vaste étendue de promenades naturelles sur un sol embelli par sa fertilité, deux rivières qui, après avoir coulé long-temps séparément pour mieux embrasser ce riche vallon, viennent former dans un parc immense les pièces d'eau, les cascades et les jets d'eau les mieux distribués, voilà ce qui avait été formé si agréable, si frais, si riant à l'œil, dans le seul but d'inspirer la retraite et la dévotion. La duchesse du Plessis-Liancourt avait formé ces jardins en l'an 1640, pour engager son époux à se retirer de la cour; et elle y avait réussi. Mais occupés l'un et l'autre de controverses théologiques, de disputes religieuses, ils n'attirèrent près d'eux que les amis de Port-Royal et ceux que les jésuites persécutaient *. Le duc de Liancourt y transporta, au dix-huitième siècle, tous les progrès de la civilisation la mieux éclairée. On y voyait s'accroître, de jour en

* Le poète Théophile, le père Desmares, l'abbé de Bourzeys, et tant d'autres.

jour, les richesses de l'agriculture et les secours des établissemens de bienfaisance.

Son premier soin fut d'y établir une ferme anglaise. Il avait pris les documens les plus sûrs dans plusieurs voyages qu'il avait faits en Angleterre, et après s'être instruit très exactement de tous les procédés qui y avaient amélioré l'état de l'agriculture, il les adopta et on peut dire qu'il les naturalisa en France. Il fut le premier à propager la culture des prairies artificielles, pour détruire le système des jachères, et celle des turneps, pour fournir à la nourriture d'hiver des bestiaux. Je me rappelle avec quelle douce satisfaction il parcourait ces vastes champs chargés d'une richesse nouvelle, et avec quelle complaisance infatigable il expliquait les sources de cette richesse aux habitans qu'il engageait à l'imiter, comme s'il ne l'eût recherchée que pour en faire jouir les autres. Sa belle-sœur avait à peu de distance de Liancourt * deux cent cinquante arpens de luzerne en coupes annuelles. Il fit venir en ce même temps les races de bestiaux les plus fé-

* La vicomtesse de Pons, à Brasseuse.

condes de la Suisse et de l'Angleterre ; elles s'acclimatèrent aisément à Liancourt.

Un établissement d'un autre genre fut fondé par lui. Il changea une ferme qu'il possédait au haut de la montagne de Liancourt, en une école d'instruction dans les arts et métiers pour les fils pauvres des militaires : noble destination sous plus d'un rapport! Car, en affermant ses terres en détail, il enrichit les habitans du village de Liancourt, et il consacra les bâtimens qui lui devinrent inutiles et l'augmentation de revenus qu'il acquit par ce moyen, à fonder un établissement qui forma pour l'état, au lieu de soldats indigens et ignorans, des citoyens instruits et laborieux. C'est bien là qu'on a pu dire et prouver que c'est tout donner à l'homme que de lui donner de l'éducation. Le duc de Liancourt, en se promenant au milieu de ces enfans appliqués à divers travaux, était comme un père éclairé qui applaudissait aux succès des meilleurs, pressait les paresseux et disait souvent à chacun d'eux : « Souviens-toi, mon enfant, que » lorsque tu sauras ton métier ta fortune sera » faite. »

J'ai dit avec quel soin le duc de Liancourt

avait adopté les améliorations de l'agriculture anglaise; ce fut l'Angleterre qui s'empressa d'adopter l'utile établissement formé par le duc de Liancourt. Louis XIV avait joui de la même gloire. Lorsqu'il eut fondé l'hôtel des Invalides, Charles II plaça à Chelsea un asile semblable, et le roi Georges III, s'emparant de l'heureuse idée de M. de Liancourt, fonda à Chelsea même, à côté de la maison de retraite des vieux soldats, l'établissement destiné à l'entretien et à l'éducation de leurs enfans.

En même temps le duc de Liancourt suivait dans ses opinions sur les affaires publiques les principes sages qui ont dirigé sa vie entière. Il passait sa vie à cet hôtel de La Rochefoucauld, où se réunissaient les hommes les plus distingués dans les sciences et les lettres, les étrangers les plus illustres et les hommes d'état les plus indépendans. On peut dire, en se servant de l'expression en usage aujourd'hui, qu'on regardait cet hôtel comme le principal foyer de l'opposition libérale. Il est vrai que le duc de La Rochefoucauld *,

* Louis-Armand, duc de La Rochefoucauld, né

cousin du duc de Liancourt, était sincèrement libéral. Un jour, se promenant, il aperçut un tableau dont le marchand lui demanda deux louis. « Vous vous trompez, lui répondit-il, il vaut deux mille francs; venez chez moi, je vais vous les compter. » Et il les paya. C'est de lui que Mme. du Deffand a dit : « Le duc de La Rochefoucauld a toutes les qualités qui s'acquièrent. » Mais il était libéral aussi dans ses opinions politiques, c'est-à-dire en un mot, qu'il voulait que le gouvernement fût aussi généreux que lui. Cette opposition n'est pas hostile envers la royauté, puisqu'elle tend au contraire à l'affermir, en la fondant sur la liberté des peuples. L'hôtel de La Rochefoucauld fut tout ministériel, tant que Turgot et Malesherbes furent à la tête des affaires, et le duc de Liancourt, qui partagea les espérances que ces hommes de bien avaient fait naître, demeura encore ministériel après leur retraite,

en 1745, membre de l'assemblée constituante, ensuite président du département de Paris, mort assassiné à Gisors, le 3 septembre 1793.

parce qu'il retrouva dans le caractère et la conduite de M. Necker les principes de raison et de sagesse éclairée nécessaires au gouvernement des états. Le duc de Liancourt se lia intimement avec ce ministre, et applaudit surtout à ce compte rendu * qui établit en France la première publicité des revenus et des dépenses de l'État.

A cette époque la cour lui offrit une marque personnelle de faveur ; la reine demanda la duchesse de Liancourt ** pour sa dame d'honneur. Voici comment le duc de Liancourt a raconté lui-même ce qui s'est passé à ce sujet ***.

« Mon père, vieilli à la cour, honoré » d'une grande charge que je partageais » avec lui, ne voulut jamais permettre que » Mme. de Liancourt acceptât. Nous eûmes,

* Compte rendu au Roi par M. Necker en 1781.

** Félicité-Sophie de Lannion, duchesse de La Rochefoucauld, fille d'Hyppolite Gaëtan, comte de Lannion.

*** Lettre du duc de La Rochefoucauld à Mme. de La Rochefoucauld, sa belle-fille.

» lui et moi, à cet égard, une explication
» avec la Reine, dont nous eûmes lieu d'être
» complètement satisfaits, et qui entra avec
» bonté dans nos raisons. Ces idées n'étaient
» pas seulement de caprice ou de vanité
» dans nos parens. Elles posaient sur un
» principe que voici. Un homme quel qu'il
» fût, dans le langage ancien, pouvait être
» toujours honorablement placé à la cour.
» Une place, en lui donnant des rapports
» plus intimes avec le prince, lui donnait la
» probabilité d'obtenir avec plus de facilité
» les avancemens militaires ou autres, aux-
» quels ses qualités, ses mérites et ses services
» pouvaient lui donner des titres. Une femme
» n'a aucune ambition personnelle à satis-
» faire; elle ne peut donc y être que dans
» une sorte d'état de domesticité qui la rend
» purement passive, état dont elle ne peut
» sortir que par l'intrigue. Notre famille a
» toujours eu un égal éloignement et pour
» l'état de domesticité et pour celui d'in-
» trigue. Tels sont les principes de notre
» famille; je les ai sucés avec le lait, je les
» approuve et les partage. »

Malgré sa charge à la cour, le duc de

Liancourt s'en éloignait aussi souvent qu'il le pouvait, et il employa plus d'une fois ses congés à faire des voyages instructifs. Lorsqu'il eut parfaitement connu l'Angleterre, il voulut étudier la Suisse, et il la parcourut tout entière avec cette simplicité et cette affabilité dans ses manières qui plaisaient, on peut le dire, aux bonnes gens de tous les pays. Plus de vingt ans après son voyage en Suisse, j'ai été accueilli plusieurs fois par des personnes chez lesquelles il avait passé quelques jours, et qui conservaient de lui le plus doux souvenir. Au fond des montagnes d'Appenzel, on me montra quelques lignes de son écriture, que les enfans du landamman * qui l'avait reçu chez lui conservaient précieusement, en le nommant dans leur mauvais Français : « Le duc Liancourt, le plus bon seigneur de France. »

Au surplus, le duc de Liancourt devint à la cour, non pas le courtisan, mais l'ami véritable de Louis XVI. Et qu'on me permette de m'arrêter dès ce premier mot : ne semble-t-il pas

* Le landamman Vetter, à Herisau.

qu'il y ait eu quelque rapport entre le caractère de ce roi qui chercha toujours dans le gouvernement de l'état à faire le plus de bien possible à ses peuples, et ce duc qui employa toute sa vie à chercher les moyens de faire du bien à son pays, dans l'emploi de sa fortune, dans les fonctions dont il fut chargé et dans les écrits qu'il a publiés? On doit se souvenir que le règne de Louis XVI, depuis 1774 jusqu'en 1789, fut, pour ainsi dire, employé tout entier à la recherche des choses utiles, à l'adoption des améliorations praticables, et à l'adoucissement du sort des malheureux, tels que les protestans, les peuples sujets à la taille et à la corvée, et les prisonniers, tous opprimés encore par des lois injustes, ou par une administration négligente ou cruelle. Il nous semble, dis-je, que le duc de Liancourt avait puisé dans son intimité avec Louis XVI, cette conformité dans leurs vœux et dans leurs principes, et surtout ce constant amour du bien qui a dirigé toutes les actions du duc de Liancourt et qui a été la vertu la plus incontestable du malheureux monarque.

Cet amour du bien, constamment pratiqué par les ducs de La Rochefoucauld et de Liancourt, l'était aussi par le vénérable cardinal de La Rochefoucauld, archevêque de Rouen*. On sait que le premier acte de prise de possession de ce prélat, lorsqu'il fut nommé à l'archevêché de Rouen, avait été de faire détruire la garenne de Gaillon dont les lapins ravageaient les terres des habitans. Lorsque le Roi fit, en 1786, le voyage de Cherbourg, il dit au cardinal dès son arrivée à Rouen : « Je » vous donne, Monseigneur, vingt mille li- » vres pour les pauvres ; » et sans attendre le remercîment, il ajouta : « Je vous les donne » tout de suite parce que vous me les auriez » demandées. » Le duc de Liancourt accompagnait le Roi dans ce voyage ; et on a remarqué combien toutes les idées se tournaient alors vers la liberté et le bonheur des peuples ; la garde bourgeoise eut partout la droite sur les troupes de ligne, et le cardinal de La Rochefoucauld fit placer sur l'arc de triomphe élevé à Rouen, une inscription qui portait que le

* Dominique de La Rochefoucauld, archevêque d'Alby en 1747, passa en 1759 à l'archevêché de Rouen, et fut cardinal en 1778. Il mourut en émigration à Munster, dans un âge fort avancé.

Roi parcourait le royaume pour l'utilité publique. Ce mot fit une grande impression :

Ludovico decimo sexto, utilitatis publicæ causâ Neustriam populis lætantibus peragranti.

C'est dans ce voyage que le duc de Liancourt, protecteur, autant qu'il le pouvait, du commerce et de l'industrie, engagea ce monarque à donner une marque de bienveillance aux négocians du Hâvre, en visitant les établissemens de M. Begouen sur la côte d'Ingouville. Hélas! la Gazette de la cour, en rapportant ce fait, dit seulement que le Roi s'y promena trois quarts d'heure, et admira long-temps la belle vue.

La cour n'est que trop accoutumée à dédaigner tout ce qui n'est point la cour, et lorsque le premier cri d'états-généraux sortit du sein du parlement, on en plaisanta autour du Roi; chacun déclara qu'il serait honteux d'y siéger. Un jour, au milieu de ces moqueries, le Roi dit : « Et vous, duc de Liancourt, » vous ferez-vous élire ? — Oui, Sire, ré- » pondit-il, avec votre consentement. » Ce mot était convenable puisqu'il était attaché de position et de sentiment au roi Louis XVI *; et ce prince était assez sensé et assez bien intentionné pour sentir combien il lui importait d'avoir dans les états-généraux les hommes qui lui étaient le plus dévoués et ceux qui avaient comme lui le désir et l'amour du bien.

Le duc de Liancourt suivit constamment les mêmes principes dans sa conduite politique. Il fut élu député de la noblesse par le baillage de Clermont en Beauvoisis. Quand les états-généraux s'assemblèrent en 1789, il partagea, dans la chambre de la noblesse, les opinions de la minorité; il vota le 6 mai pour la vérification des pouvoirs des trois ordres en commun; il signa le 19 juin la protestation contre les décisions de la majorité; cependant il ne fut pas un des quarante-sept qui passèrent au tiers le 25 du même mois, parce qu'il pensa que la charge qu'il remplissait à la cour, et sans doute aussi l'attachement qu'il

* Il écrivit lui-même dans une de ses lettres, le 1er. avril 1790 : « Je suis attaché par devoir à la » personne du Roi; je le suis par sentiment à ses » qualités et à ses vertus. »

portait à Louis XVI lui-même, l'obligeaient à ne pas se mettre en opposition directe avec la volonté du Roi.

On dit que le 12 juillet, le duc de Liancourt étant allé à Versailles informer le Roi des mouvemens du peuple de Paris, le Roi lui dit : « Mais c'est donc une révolte ? » Et qu'il lui répondit : « Non, Sire, c'est une ré- » volution. »

En effet, quoique Louis XVI fût le meilleur des rois, il est certain qu'en 1789 les hommes les plus sages et les plus dévoués à la monarchie ne se contentaient pas des améliorations que ce vertueux monarque avait déjà ordonnées. Ils désiraient surtout que les institutions fussent mises en rapport avec l'état de la société. Ils voulaient assurément affermir le trône et non le renverser, et faire le bonheur du Roi en le fondant sur le bonheur de ses sujets, mais ils croyaient nécessaire, pour atteindre ce but, de changer les principes et les formes du gouvernement.

Toutefois, lorsqu'une révolution survient, il ne suffit pas d'être averti; il reste la grande question de savoir si on doit la combattre ou l'adopter, et le parti qui fut pris alors est le plus mauvais de tous : ce fut celui de la combattre et de l'adopter à demi.

Le duc de Liancourt désirait, au contraire, que le Roi adoptât franchement les principes de cette révolution pour qu'elle se fît avec lui et par lui, seul moyen d'empêcher qu'elle ne se fît contre lui. Aussi le seul moment d'espoir et de consolation que ce monarque rencontra dans son cours, eut lieu le seul jour où il suivit les conseils du duc de Liancourt. Après la prise de la Bastille, après les horribles meurtres qui avaient ensanglanté la journée du 14 juillet, la matinée du 15 était sinistre. Le duc de Liancourt, au lever du Roi, lui parla vivement des dangers de l'État ; il lui exposa qu'une franche et intime union entre le roi et l'assemblée nationale pouvait seule préserver la chose publique des commotions politiques. Il obtint du Roi de se rendre à l'assemblée et de lui témoigner des sentimens d'amour et de confiance. On se rappelle qu'il n'y eut jamais plus d'enthousiasme, plus d'acclamations autour du monarque. L'assemblée entière reconduisit le Roi jusqu'à son palais ; toute la saine nation était pleine d'espoir. MONSIEUR, depuis Louis XVIII, célébra *le bonheur de cette journée;* M. le comte d'Artois, aujourd'hui Charles X, prit la main de M. Bailly, et lui dit : « Eh bien, vous voyez qu'on remplit vos intentions; » et ce fut au sein de cet enthousiasme, dans la vue d'attacher toute la nation à son roi, par l'ordre de ce monarque, et d'après les conseils des princes, ses frères, que la garde nationale fut établie.

Le duc de Liancourt avait été chargé d'annoncer le matin à l'assemblée l'arrivée du Roi; il fut chargé d'annoncer le soir à la ville de Paris que le Roi confirmait et autorisait l'établissement de la garde nationale. L'espérance était générale, et toutes les horreurs qui avaient été commises la veille semblaient effacées par les illusions qui leur avaient succédé.

Le duc de Liancourt reçut deux jours après un témoignage de l'estime que sa conduite avait inspirée. Il fut élu, au refus de M. de La Fayette, président de l'assemblée nationale *. Alors et depuis il en suivit les travaux avec une constante assiduité, malgré son service à la cour; et le roi

* Le 18 juillet 1789.

Louis XVI, religieux pour les devoirs des autres comme il l'était pour les siens, ne le retenait jamais lorsqu'il lui disait qu'il y avait séance à l'assemblée.

Sa conduite à l'assemblée constituante a été dirigée par le même mobile qui a dirigé sa vie entière, l'amour du bien. On l'entendit proclamer sans cesse les grands principes de la monarchie, qui sont en même temps les véritables fondemens de la liberté. Il soutint en 1789, ainsi que Mirabeau, la nécessité de la sanction royale *, et en 1791 l'inviolabilité du roi **. Il soutint aussi la liberté de conscience en défendant le cardinal de La Rochefoucauld ***, accusé d'avoir écrit une lettre à un de ses anciens grands-vicaires, dans laquelle il semblait continuer les fonctions d'archevêque, que la nouvelle organisation du clergé lui avait enlevées. Enfin, il fut président du comité de mendicité, et s'occupa activement de la destruction de ce fléau. Il fit plusieurs

* Séance du 1er. septembre 1789.

** Séance du 14 juillet 1791.

*** Séance du 18 juin 1791.

rapports sur ce sujet, conçus avec sagesse, écrits avec clarté *. Il en fit d'autres sur les hôpitaux ** et sur les sociétés de bienfaisance ***. Il prit la défense de leurs intérêts; en un mot, il acquit la plus belle gloire qu'on puisse obtenir au sein d'une assemblée délibérante, celle d'avoir été un des députés les plus utiles.

On a remarqué dans ces rapports qu'il s'attachait souvent à faire ressortir de son sujet les principes les plus favorables au commerce et à l'agriculture, qui étaient toujours les objets de ses études. Il y a démontré surtout avec soin, et comme prévoyant de loin ce que le désir des améliorations en tout genre devait produire dans la culture du sol, combien la multiplicité des parcelles de terre fournissait à la nourriture meilleure d'un plus grand nombre de consommateurs; et ce fut sans doute une véritable satisfaction pour

* *Moniteur*, 1790, nos. 197, 245, 352, 361; 1791, nos. 89, 168, 180, 272.

** *Moniteur*, 1790, no. 289; 1791, nos. 32, 97, 270.

*** *Moniteur*, 1791, no. 22.

lui, non par amour-propre, mais par sentiment d'humanité, de reconnaître, en revenant d'un long exil, que sa patrie avait acquis en son absence, par la division des propriétés, une plus nombreuse population, malgré les ravages de l'anarchie et du despotisme, et une plus grande aisance dans la vie, ainsi qu'il l'avait prédit.

On peut dire que le duc de Liancourt servait son pays dans toutes les branches de sa prospérité, et que même il ne se bornait pas à suivre les progrès du commerce et de l'industrie; il les encourageait en se livrant lui-même à des opérations dans lesquelles il engageait sa fortune, toutes les fois qu'il avait l'espoir d'importer et de propager des perfectionnemens utiles. Ainsi, dès 1790, il fit construire à Liancourt de vastes ateliers, et s'associa avec un négociant irlandais* pour établir une filature de coton avec les machines les plus parfaites que l'on eût alors. Elles étaient connues sous le nom de *jeannettes*; et c'était une découverte bien importante que celle d'établir la filature par mécaniques à la place de

* M. Leclerc.

la filature à la main, puisque ce moyen est bien plus actif et bien plus économique. Le duc de Liancourt eut vingt-quatre de ces machines filant par jour cinquante livres de coton ; il y joignit deux machines à carder qui étaient encore bien imparfaites, puisqu'elles réunissaient dans le même cadre le cardage en gros et le cardage en fin. Mais, assez sage pour ne vouloir faire que ce qu'il pouvait, il ne fabriqua, dans ses premiers essais, que des fils communs, et cette réunion des jeannettes et des cardes faisait que ce petit établissement se suffisait à lui-même.

Il fut aussi un des premiers à acheter des biens du clergé dont le roi Louis XVI avait ordonné la vente. Il avait appuyé, à l'assemblée constituante, la proposition de Voidel *, de supprimer les congrégations monastiques, en laissant à chacun des religieux une pension viagère de 800 livres. On se souvient que sous sa présidence un curé imprudent ayant proposé à l'assemblée de se déclarer catholique, apostolique et romaine, il avait sur-le-

* Séance du 19 mars 1790.

champ levé la séance *. Il avait aussi proposé d'éterniser, en frappant une médaille **, le souvenir de la nuit du 4 août, dans laquelle tous les priviléges avaient été abolis. Ainsi il s'était attaché à cette révolution, à la tête de laquelle était le Roi lui-même, et à la tête de laquelle il désirait vivement que le Roi demeurât toujours. Car, souvenons-nous qu'autant il avait cherché franchement à affermir les principes de la liberté, autant il s'était opposé fortement à tout ce qui les dépassait. Il a été le seul, à la séance du 14 juillet 1791, qui ait pris à la tribune la défense, non seulement de la personne du Roi, mais encore de ses actes, de son malheureux voyage à Varennes et de la déclaration qu'il avait laissée en partant. C'est au milieu des cris de Roberspierre, de Péthion et autres, au milieu d'insultes et de menaces personnelles***, qu'il défendit la cause du Roi, et s'écria que ce prince espérait en partant assurer le bonheur du peuple français.

* Séance du 3 août 1789.

** Séance de nuit du 4 août 1789.

*** Le député Ricard fut rappelé à l'ordre pour avoir insulté le duc de Liancourt.

Et comment n'aurait-il pas rendu à Louis XVI ce témoignage, puisque c'était lui-même qui avait obtenu, peu de mois auparavant, un des bienfaits les moins connus et les plus touchans de ce monarque? Le duc de Liancourt, sans cesse occupé des choses utiles, s'était servi de son titre, et pour ainsi dire de son droit de président du comité de mendicité, pour examiner avec soin l'administration des hôpitaux de Paris. Il avait reconnu que de cinq millions de revenus dont ils jouissaient, un million seulement était employé à l'entretien et à la nourriture des pauvres; et il avait fortement exprimé son indignation lorsqu'il s'était convaincu que ces maisons de bienfaisance avaient été converties en maisons de détention. Des milliers d'accusés, sans preuves et sans jugemens, y avaient langui enfermés dans des cachots malsains où ils avaient péri lentement. Un de ces cachots était de trois pieds de large sur cinq de long; il était à quinze pieds sous terre, et le jour n'y pénétrait que par des trous étroits creusés en zig-zag, dans un massif de pierres, à vingt pieds de distance de son orifice. Entr'autres prisonniers, on citait un compagnon de Cartouche qui, ayant révélé la retraite de ce fameux voleur, avait obtenu sa grâce, et, par suite de cette grâce, avait été enfermé trente-sept ans dans cet horrible cachot. Louis XVI avait frémi lorsque le duc de Liancourt lui avait appris ces tristes faits; et non seulement il avait voulu que le rapport en fût publié, mais il avait ordonné que ces affreux cachots fussent comblés sur-le-champ et à ses propres frais.

Après la séparation de l'assemblée constituante, le duc de Liancourt, lieutenant-général des armées du Roi, avait été chargé du commandement de la Normandie et de la Picardie. Tandis qu'on avait à déplorer, dans la plupart des provinces de France, des troubles, des désordres, et souvent des massacres, il maintenait en paix les provinces dans lesquelles il commandait, et prévenait avec prudence la moindre agitation. Il avait peu de troupes; il sentit qu'il avait besoin d'être aimé des habitans, qui ne sont jamais mieux gardés que lorsqu'ils se gardent eux-mêmes. Il s'attacha les gardes nationales; partout où il était, il engageait leurs commandans, qui étaient les principaux négocians et manufacturiers, à prendre, d'accord avec lui, les mesures nécessaires à la conservation de la tranquillité publique, dont dépendait la prospérité de leur commerce et de leur industrie. Ils étaient chaque jour à sa table; ils admiraient son esprit de sagesse ; sa conversation avec eux était nourrie de choses utiles et intéressantes au pays, ce qui forme peut-être en tous temps la meilleure des conversations ; et ces entretiens étaient suivis, de sa part, avec un intérêt si bienveillant, que tous ceux qui étaient sous ses ordres comptaient toujours sur son amitié, dont un grand nombre ont, alors ou depuis, reçu souvent des preuves.

Quelques semaines avant le 10 août, il engagea le Roi à se retirer à Rouen où il tenait plusieurs régimens prêts à le défendre, et d'où, en cas de revers, ce prince aurait eu, par mer, une retraite facile et sûre. Ce fut un des cent projets offerts au Roi pour le sauver et que la fatalité l'empêcha d'adopter.

Le duc de Liancourt prévoyait assez les malheurs qui devaient survenir et les embarras qui en résulteraient pour ceux qui étaient, comme lui, attachés, et pour ainsi dire inhérens à la monarchie. Cependant le Roi lui ayant confié la gêne qu'il éprouvait et les obstacles que le manque d'argent pouvait opposer à des mesures de salut pour sa personne et sa famille, il n'hésita pas à se priver d'une somme de cent cinquante mille francs qui lui restait et qui lui était nécessaire à lui-même au milieu des dangers qu'il courait, et la remit au Roi pour diminuer les embarras de sa malheureuse position.

Bientôt on apprit la journée du 10 août; le duc de Liancourt essaya de résister; il fit prêter à haute voix, dans le Champ-de-Mars de Rouen, à toutes les troupes, un nouveau serment de fidélité au Roi et à la constitution. J'étais, quoique enfant, à cheval à ses côtés, je me souviens des acclamations des troupes et du silence du peuple de la ville. Mon père prévit qu'il n'avait plus que peu d'heures à rester en France et son chagrin fut grand ; mais que pouvait-il faire? Peu de troupes, des défections partout, point de places fortes : il fut forcé de se retirer.

En effet, à peine était-il rentré chez lui qu'un exprès arrivé de Paris lui avait annoncé qu'un mandat d'arrêt avait été lancé contre lui et contre le duc de La Rochefoucauld, son cousin, et que son exécution était confiée à un de ces hommes qui se chargent d'ordres verbaux au-delà des ordres écrits. Le duc de Liancourt a raconté avec sa modestie ordinaire, sa conduite en cette circonstance. Il a dit du duc de La Rochefoucauld, son cousin : « Il dédaigna les avis qui lui avaient été don- » nés, en même temps qu'à moi, qu'un man- » dat d'arrêt était lancé contre nous deux, et » que notre arrestation n'était pas le seul ordre » émané de ses auteurs à notre sujet. Il ne » voulut point quitter la France : moins con- » fiant, moins vertueux que lui, j'ai fui les » poignards, il y a succombé. »

Il n'était pas facile alors de fuir les poignards. Le duc de Liancourt partit de Rouen; mais où trouver un asile sur cette terre devenue ingrate et cruelle envers tous ses anciens bienfaiteurs? Où trouver un homme sensible pour aider un inconnu à quitter un pays où sa tête est mise à prix? Le duc de Liancourt errait au loin sur le bord de la mer, sans guide, sans savoir même où il oserait en chercher un. Mais nous retrouverons toujours dans l'histoire de sa vie qu'il a, pour ainsi dire, créé sans cesse autour de lui des hommes reconnaissans. Il était sans espoir lorsqu'il vit arriver à la hâte, sur ses pas, un ami qui se souvenait des nombreux services qu'il lui avait rendus, et qui le cherchait pour le sauver. M. Delattre, qui a été depuis un des plus honorables membres de nos assemblées législatives *, était cet ami reconnaissant, qui le conduisit au Crotoy, et qui, ayant loué comme pour lui-même la barque d'un honnête pêcheur, nommé Vadentun, ne le quitta que lorsqu'il le vit en pleine mer, certain de son salut. Ce ne fut aussi qu'en pleine mer que le bon Vadentun lui avoua qu'il se doutait bien qu'il était chargé de sauver un proscrit, et « ces actions-là, ajouta-t-il, portent toujours bonheur. » Je me souviens que c'est là le mot qu'il répétait douze et quinze ans après, lorsqu'il venait de temps en temps à Liancourt revoir celui qu'il avait sauvé. Il s'asseyait en habit de pêcheur à la table du duc de La Rochefoucauld, et après le dîner fumait avec

* M. Delattre, négociant d'Abbeville, député du Ponthieu aux états-généraux, et ensuite député du département de la Somme au conseil des cinq-cents.

lui les cigares en lui racontant, dans son patois picard, les détails des intérêts de sa famille et de son village, que M. de La Rochefoucauld écoutait avec un doux sentiment de reconnaissance.

Mais à peine le duc de Liancourt était-il arrivé en Angleterre qu'il apprit la mort de son cousin. Un commissaire de la commune de Paris, porteur d'un mandat d'arrêt, avait été le chercher aux eaux de Forges où il était malade. Il avait ordre de le conduire à Paris. On permit à sa mère et à sa femme de l'accompagner, mais dans une voiture séparée. Le commissaire le fit monter dans un cabriolet à côté de lui, et lorsqu'ils arrivèrent à Gisors, il le força de traverser la ville à pied. Ce fut là qu'au milieu de la troupe qui le conduisait à Paris, à côté du commissaire qui avait été chargé de l'arrêter, et par conséquent de le protéger, il fut frappé d'un coup de pierre qui lui ôta la vie. « La France entière, » comme l'a dit le duc de Liancourt, « a » abhorré ce crime dans les jours même de » la scélératesse; et dans ces temps funestes » où la terreur contraignait à la fausseté, il » n'était personne qui crût pouvoir ne pas

» convenir que ce crime était un malheur » public. » Le duc de Liancourt fut vivement affligé de la mort de son cousin, et porta dès-lors sans concurrence le titre de duc de La Rochefoucauld.

Il s'établit en province, à Bury-St.-Edmunds*. Un homme qu'il avait accueilli avec sa bienveillance éclairée, dans les jours de sa grandeur, l'agriculteur Arthur Young, y résidait. Dans ce temps de désastres et d'horreur politique, il fut doux pour le duc de La Rochefoucauld de s'entretenir presque uniquement d'améliorations agricoles. Il vécut à Bury très simplement par goût, mais aussi par nécessité. Il avait donné au roi Louis XVI ce qu'il avait d'argent disponible, et, forcé de quitter la France peu de semaines après, il avait emporté peu de chose; mais comme il était du caractère le plus bienveillant, indulgent et bon dans la société, il était aimé même par les personnes qui n'avaient pas des relations intimes avec lui. Une vieille demoiselle qui mourut peu de mois après son départ de Bury, lui légua tous ses biens par son

* En Suffolck.

testament. Elle n'avait que des parens éloignés, et lorsque le duc de La Rochefoucauld fut informé de ce legs, il était encore proscrit et sans fortune. Il ne rechercha pas moins avec soin les parens de cette demoiselle; il leur remit tous les biens et voulut pourtant tenir quelque chose de la donatrice : il en réserva un shelling!

Il était encore en Angleterre lorsque le malheureux Roi à qui il avait consacré une partie de sa vie fut mis en jugement. Il écrivit sur-le-champ à Barrère, qu'il avait connu à l'assemblée constituante, et qui présidait alors la convention nationale, une lettre par laquelle il demandait la permission de venir rendre témoignage dans le procès de Louis XVI. « J'aurais, m'a-t-il dit, révélé toutes les se- » crètes pensées du Roi, les projets qu'il for- » mait sans cesse, dans les jours de sa puis- » sance, pour le bonheur de ses sujets; il est » possible que cette révélation de confidences » si vertueuses eût fait impression. » Malheureusement le duc de La Rochefoucauld se faisait aimer de tous ceux qui l'approchaient, et Barrère, pour lui rendre service malgré lui, ne fit pas mention de cette lettre. Mais, sans attendre la permission qu'il demandait, le duc de La Rochefoucauld s'occupant activement de tout ce qui pouvait servir à la défense du Roi, écrivit une lettre dans laquelle il retraça ceux des principaux faits dont il avait été témoin, qu'il lui semblait utile de faire connaître, et il la fit tenir par une main sûre à M. de Malesherbes. En même temps, pensant que la publicité de ces faits seconderait encore mieux la défense du Roi, il fit imprimer cette lettre et en fit répandre en France les exemplaires. Tous ces efforts furent inutiles comme tant d'autres; mais le duc de La Rochefoucauld a reçu du défenseur de Louis XVI un témoignage, sinon consolateur, au moins satisfaisant dans la lettre suivante :

« A Malesherbes, 26 janvier 1793.

» J'ai reçu dans le temps, Monsieur, la lettre manuscrite que vous avez fait imprimer depuis. *J'en ai fait l'usage que vous désiriez sans doute; je l'ai lue, et celui qui n'est plus a été bien touché de cette marque de votre zèle.* Il ne m'est pas possible de vous écrire plus longuement. Je remettrai vos exemplaires à leur destination. J'ai l'honneur de vous assurer, Monsieur, de tout mon attachement.

» MALESHERBES.

» A M. de Liancourt, à Bury; Suffolck. »

A cette époque, le duc de La Rochefoucauld, obligé de rester expatrié, était dévoré d'une tristesse continuelle. Sa santé en était altérée; il ne pouvait supporter d'être inutile dans le monde. Il sentit que les États-Unis lui procureraient quelque distraction, puisqu'ils lui fourniraient une étude, et que ce serait un ouvrage nouveau du genre le plus éminemment utile que celui qui peindrait un pays organisé depuis si peu de temps et d'après des principes politiques si vrais. Un excellent homme, M. de Lasowski, qui a eu le malheur d'être le frère d'un homme trop célèbre par ses excès dans la révolution, s'était concerté avec M. Charles de Lacretelle, son ami, pour prendre soin de tous les intérêts de mon père en France. Il lui fit passer en secret, en Angleterre, tout ce qu'il put recouvrer des fonds qui lui appartenaient, et le duc de La Rochefoucauld les employa sur-le-champ à faire son voyage en Amérique. Il parcourut les États-Unis, et s'instruisit avec une avidité de renseignemens que M. de Talleyrand a heureusement exprimée lorsqu'il a écrit à Mme. de Genlis : « M. de Liancourt est ici faisant des notes, demandant des pièces, écrivant des observations, et plus questionneur mille fois que le voyageur inquisitif dont parle Sterne. » Il semble, au surplus, que le duc de La Rochefoucauld était porté à ces recherches par un vif sentiment de patriotisme. La France essayait un nouveau genre de gouvernement analogue à celui des États-Unis, et nous pouvons concevoir combien le tableau de la république américaine, la plus sage assurément de toutes celles qui ont existé, eût offert à celle de la France, si elle eût duré, de bons exemples et d'utiles leçons. Aussi le duc de La Rochefoucauld y recherchа-t-il avec un soin extrême ce qui tenait aux vertus et aux vices de la législation et de l'administration dans la politique, dans les mœurs, et dans l'agriculture et le commerce. Ensuite il porta ses pas au-dehors des États-Unis, chez les Indiens qui les environnent, pour examiner ce que ce voisinage offrait d'espérances ou de craintes.

Ce fut lorsqu'il errait dans les contrées les plus sauvages, au fond du haut Canada, bien éloigné de fait et de pensée de toutes les grandeurs de ce monde, qu'il reçut une lettre du roi Louis XVIII, qui lui demandait sa démission de la charge de grand-maître de la garde-robe. Le gouvernement républicain de la France, tout anarchique qu'il était dans l'intérieur, n'était pas moins formidable au-dehors. Il avait repoussé toutes les armées étrangères; il avait conquis l'Italie, la Suisse et une partie de l'Allemagne, et ne laissait guère d'espoir au prince, alors retiré au fond de la Russie, de reprendre à Paris un grand-maître de la garde-robe. Cette démarche, il faut en convenir, avait été mal inspirée à un prince alors détrôné, qui ordonnait lorsqu'il n'était pas assez fort pour contraindre à obéir, et qui redemandait une charge acquise à prix d'argent lorsqu'il n'avait pas les moyens de la rembourser. Le duc de La Rochefoucauld avoua, dans sa réponse au roi Louis XVIII, qu'il avait été heureux, pendant près de vingt ans, d'être attaché par cette charge au vertueux roi Louis XVI, mais qu'il ne reconnaissait pas à un autre le droit de le contraindre à la conserver ou à la rendre. Il résulta de cette réponse que lord Dorchester, gouverneur des possessions anglaises, ne lui permit point d'entrer dans le bas Canada, et il fut obligé de sortir du territoire anglais quatre heures après avoir reçu la lettre du gouverneur. Sa conscience le consolait: « Il est en moi, » écrivait-il, « il » est profondément en moi de préférer garder » toute ma vie mon état de banni et de pauvre » diable, à me voir rappeler dans mon pays et » dans mes biens par l'influence des puissances » étrangères. »

Lorsque le duc de La Rochefoucauld revint en France, en 1799, il fit imprimer le résultat de ses recherches sous le titre modeste de *Voyage dans les États-Unis*, et on a regardé en Amérique et en France cet ouvrage comme un tableau parfaitement exact des États-Unis à la fin du XVIIIe. siècle *.

On y trouve en effet non seulement les

* *Moniteur*, an VII, n°. 194.

rapports les plus vrais sur l'état de l'agriculture, du commerce et de l'industrie, mais aussi les réflexions les plus justes sur les principes du gouvernement et de l'administration; il a si bien approfondi l'esprit public en général, qu'il a prédit ce que nous avons vu depuis. « Le combat, dit-il, est aujourd'hui entre la liberté et le despotisme. Si » le despotisme triomphe, il ne s'organisera » que pour enchaîner l'univers » (c'est ce qui est arrivé sous le gouvernement impérial); « si la cause de la liberté prévaut, elle pourra » s'organiser, se régulariser, cesser d'être » anarchie, devenir réellement liberté » (c'est ce que nous voyons sous le gouvernement constitutionnel). En outre il montre partout dans cet ouvrage « le peuple américain plein de défiance, de rancune et de » haine contre l'Angleterre; » et chaque jour nous prouve combien le gouvernement des États-Unis, dirigé par l'opinion publique, est ombrageux et difficile dans ses relations avec le gouvernement anglais. Il y montre le même peuple « tout animé en faveur de la France et gardant un souvenir sensible des services qu'elle lui a rendus. » Aussi le duc de La Rochefoucauld a-t-il prédit en 1796 ce qui est arrivé en 1825. « L'attachement pour M. de La Fayette, dit-il, est une espèce de religion du pays. Les Américains parlent de lui les larmes aux yeux. « Que le marquis vienne ici, disent-ils, et nous le rendrons riche. C'est par lui que la France nous a rendus libres; nous ne ferons jamais tant pour lui qu'il a fait pour nous. » On trouve, ajoute le duc de La Rochefoucauld, « beaucoup de ces bonnes gens qui assurent qu'une taxe générale qui aurait pour objet de lui faire un fonds considérable, serait payée dans toute l'étendue de l'Amérique avec une grande satisfaction. » Le bon sens du duc de La Rochefoucauld l'avait bien éclairé : cette dette nationale a été acquittée en 1825.

Il rapporta en même temps à son pays un autre écrit qui sortait tout entier de son cœur. C'est un ouvrage sur les prisons des États-Unis; mais il ne peignit celles de Philadelphie que pour indiquer ce qui manquait aux nôtres, et l'impulsion donnée par cet écrit amena les améliorations successives qui ont eu lieu dans l'état des prisons de la France. Ainsi, comme l'a si bien dit M. le comte Mollien : « Les années de son exil n'ont pas été perdues pour son pays*. »

Dès que le premier consul avait permis aux émigrés de rentrer en France, le duc de La Rochefoucauld était accouru le premier; il avouait que son plus grand bonheur était de retrouver sa patrie; il avait même devancé cette permission. Il était déjà caché à Paris, sous le gouvernement du directoire, et le ministre des affaires étrangères **, qui connaissait sa retraite et le voyait en secret, empêchait qu'on ne le persécutât.

Il était encore dans cette retraite, soumis à la loi de mort de la proscription et menacé à chaque instant d'être obligé de fuir de nouveau sa patrie, lorsqu'elle reçut de lui le plus grand des bienfaits. Il lui donna le moyen de se préserver à l'avenir des ravages du fléau le plus actif et le plus cruel; il importa en France la vaccine; et comme ses biens avaient été vendus en majeure partie, et que le reste était encore confisqué, il emprunta les fonds qui lui étaient nécessaires pour se mettre à la

* Discours prononcé à la chambre des pairs, le 18 avril 1827.

** M. le prince de Talleyrand.

tête d'une souscription à l'effet de commencer en grand nombre les essais de ce préservatif, et de le propager aussitôt qu'on se serait assuré de son efficacité. Le résultat a été admirable. M. Charles Dupin nous a rappelé que seize millions d'individus ont été vaccinés, et qu'en raison du huitième que la petite vérole enlevait autrefois, on pouvait dire que le duc de La Rochefoucauld avait sauvé, d'une mort précoce, deux millions d'hommes. « Chez un grand peuple de l'antiquité, ajoute-t-il, celui qui sauvait la vie d'un seul individu recevait la couronne civique, c'est-à-dire la plus estimée de toutes les couronnes que décernât la gratitude nationale. Le citoyen qui la portait avait une place d'honneur dans les jeux, dans les assemblées publiques, et la mort seule pouvait le priver de ces récompenses qui font partie de la gloire d'un peuple civilisé. Quelles couronnes, quels honneurs inamovibles, innombrables, ce peuple n'aurait-il pas décernés au grand citoyen qui, dans le cours de sa carrière, aurait sauvé la vie à deux millions de Romains * ? »

* Discours prononcé par M. le baron Charles

Le duc de La Rochefoucauld établit un comité de vaccine chargé de la propager; on lui décerna le titre de président perpétuel de ce comité. Voilà quelle a été sa seule récompense, et il a été au pouvoir d'un ministre de la lui ôter!

Il établit en même temps, au moyen d'une autre souscription, l'utile institution des dispensaires, qui consiste à faire traiter à domicile les indigens malades, par des hommes de l'art attachés à l'institution.

Il rencontrait alors dans les hautes places du gouvernement plusieurs des hommes avec lesquels il avait d'anciennes relations d'amitié ou d'estime. Un grand nombre de ceux avec lesquels il avait pris part aux événemens des premières années de la révolution, s'unissaient au premier consul pour l'aider à rétablir l'ordre dans l'État. Il était pénétré des mêmes intentions; mais il laissait les autres s'entretenir avec les ministres des nécessités de la politique, et peut-être ne les obsédait-il pas moins pour leur parler des

Dupin, aux funérailles de M. le duc de La Rochefoucauld, le vendredi 30 mars 1827.

besoins de la bienfaisance. Loin de rechercher des emplois honorifiques ou lucratifs, il ne leur portait que les demandes des malheureux ou des projets de souscriptions et d'établissemens de charité auxquels il concourait toujours le premier.

La France n'était déjà plus une république, elle n'en conservait que le nom ; mais le premier consul n'était pas insensible à ces sortes de gloire. On a su que lorsqu'il eut à présenter au sénat conservateur le premier membre à nommer, il sentit qu'il devait s'honorer par un choix généralement approuvé, et il hésita long-temps entre M. de La Rochefoucauld et M. Barthélemy *. On peut dire que les mêmes vertus se balançaient ici, et on nous assura que le premier consul ne s'était décidé à préférer M. Barthélemy que parce qu'il lui avait semblé trop hardi, à cette époque, de présenter au choix de ces premiers sénateurs, dont la plupart étaient d'anciens républicains, un ancien duc et pair.

* M. le marquis Barthélemy, pair de France, ancien directeur, déporté le 18 fructidor, et rappelé en France par le premier consul.

Il est vrai que le premier consul ne conserva pas long-temps, à son égard, des dispositions favorables, et la cause n'en est pas fâcheuse pour sa mémoire. On devine aisément que le premier soin de M. de La Rochefoucauld, rentré en France, fut de retourner à sa terre de Liancourt, et que là il reprit ses travaux d'agriculture et d'industrie. Cette existence ne plut pas au chef du gouvernement, il ne lui rendit même pas son titre de duc; l'ancien duc et pair ne lui parut plus qu'un manufacturier, et ce fut en cette qualité qu'il lui donna la croix de la Légion-d'Honneur.

M. de La Rochefoucauld avait retrouvé son château et son beau parc; et comment avaient-ils été sauvés des destructions? Parce qu'un bienfait n'est jamais perdu, vieil adage dont on aime toujours à rencontrer des preuves. En effet, le département de l'Oise avait été formé à l'assemblée constituante par les soins du duc de Liancourt, qui avait pris plaisir à le composer régulièrement de neuf districts à-peu-près égaux; et placé lui-même à-peu-près au centre du département, il s'était regardé constamment comme le protecteur naturel de tous ses intérêts généraux et individuels. Aussi l'administration départementale, quels que fussent les changemens qui s'opérassent entre les membres qui la composaient, était toujours secrètement attachée par la reconnaissance à la mémoire du créateur de ce département. Lorsque la vente des biens des émigrés eut lieu, on voulut conserver, comme une propriété départementale, celle où un protecteur pouvait revenir. On choisit un moyen aussi simple qu'efficace. On prétexta que les grands développemens que la république procurait à tous les établissemens de bienfaisance avaient accru considérablement l'école des arts et métiers de Liancourt, et que son local ne lui suffisant plus, il était naturel de lui attribuer tous les bâtimens alors inhabités du château de Liancourt. Il fut dit que le vaste parc était nécessaire pour la conservation de la santé des élèves; on les nomma les enfans de la patrie, et si ce fut un acte de patriotisme, ce fut assurément aussi un acte de reconnaissance.

M. de La Rochefoucauld retrouva encore, à Liancourt, son associé irlandais qui avait conservé les manufactures pendant son absence; mais qui n'avait pas les moyens de les faire valoir. Il ne tirait de la filature de coton que des fils inégaux et de gros numéros, qu'il vendait difficilement et à très bas prix. Il ne travaillait à la fabrique de cardes que sur commandes ; il en recevait rarement, et lorsqu'il lui en arrivait il n'avait pour y satisfaire que six ouvriers et une douzaine d'enfans bouteurs *. Il regarda comme un bonheur de pouvoir se retirer, en remettant à M. de La Rochefoucauld des établissemens aussi peu productifs. A cette époque, ainsi que M. de La Rochefoucauld l'a écrit lui-même, des machines nouvelles, inventées en Angleterre sous le nom de Mul-Jenny, d'autres sous le nom de Troffels ou Continues, étaient déjà établies en France en assez grand nombre. Leurs produits, beaucoup plus parfaits et obtenus dans une beaucoup plus grande quantité proportionnelle, ne permettaient plus raisonnablement l'emploi des jeannettes. Celles-ci furent vendues à vil prix, et remplacées par les nouveaux métiers originairement venus d'Angleterre, que M. de La Rochefoucauld établit dans ses

* Extraits de la statistique du canton de Creil, par le duc de La Rochefoucauld.

ateliers de construction. Il releva aussi la fabrique de cardes; il la perfectionna sous tous les rapports, et l'agrandit considérablement. Il fit venir des ouvriers de l'Aigle, et fit pratiquer dans l'enceinte même de la fabrique le tréfilage du fil de fer. Il obtint, par ce moyen, une finesse égale dans le même numéro, ce qui ne se trouve pas toujours, même dans les meilleurs fils de fer de l'Aigle. Il établit aussi une corroyerie dans la fabrique, et fit préparer sous ses yeux, avec le plus grand soin, les cuirs nécessaires pour son service, de sorte que cet établissement eut ce que M. de La Rochefoucauld estimait le plus nécessaire à l'industrie manufacturière, l'avantage de se suffire à lui-même.

Quoique l'Empereur n'eût pas de bienveillance pour M. de La Rochefoucauld, il avait le caractère trop élevé pour lui défendre d'être utile; et M. de La Rochefoucauld, content de cette permission, ne désirait point ses faveurs. Il y eut donc, on peut le dire, une espèce de pacte entr'eux. M. de La Rochefoucauld se servait de l'aptitude de l'Empereur à reconnaître que ce qui est utile est toujours glorieux, pour reproduire sans cesse des améliorations de tous genres, et le chef du gouvernement se servait de l'activité bienfaisante de M. de La Rochefoucauld, pour en augmenter les gloires de son règne. Ainsi l'école des arts et métiers de Liancourt avait été portée à Compiègne. Lorsque le premier consul se fit empereur, les châteaux royaux lui devenaient convenables, il transféra l'école à Châlons; mais il sentit qu'il ne pouvait la confier à un meilleur administrateur qu'à celui qui l'avait créée. On peut toujours remplacer le talent d'un homme; mais l'esprit d'un étranger ne remplace jamais le cœur d'un bienfaiteur. M. de La Rochefoucauld a été, depuis son retour en France, l'inspecteur-général de cette école pendant vingt-trois ans. Il est assez connu qu'il ne se bornait pas aux fonctions d'administrateur. Il répétait assez souvent qu'on ne fait point assez lorsqu'on ne fait que son devoir, et il le prouvait par ses actions. Quoique son esprit de sagesse ait assez paru pendant vingt-trois années, dans le cours desquelles il n'y a pas eu le plus léger désordre dans cette école *, sa bienfaisance véritable-

* Jusqu'à sa révocation, en 1823.

ment paternelle a été encore mieux prouvée par la reconnaissance des élèves.

Il avait été choisi par le gouvernement pour être un des membres du conseil-général des manufactures et du conseil d'agriculture, et adoptant sans cesse les méthodes nouvelles dont il appréciait l'utilité, il faisait faire sous ses yeux, et à ses frais, les premiers essais de toutes les améliorations. C'est ainsi qu'il adopta et recommanda la plantation du blé, système évidemment avantageux dans les pays de petite culture où la main-d'œuvre est facile, puisqu'il procure des récoltes plus abondantes avec moins de semence.

Lorsque le roi Louis XVIII revint en France, le duc de La Rochefoucauld se présenta à lui *. Il était, sous Louis XVI, grand-maître de la garde-robe; c'était une charge dont son père avait payé la finance 400,000 fr.; elle ne lui fut ni rendue ni remboursée : il ne reprit que son rang de duc et pair.

Bientôt de nouveaux événemens excitent notre étonnement. L'Empereur, qui avait été

* En 1814.

déchu et avait abdiqué, revient protester lui-même contre sa déchéance et son abdication; et, à la tête de douze cents hommes, il reprend la France entière en vingt jours *. Je dois dire avec exactitude quelles furent les opinions du duc de La Rochefoucauld dans cette grave circonstance. Il ne trouva point légitime cette reprise de possession. On l'a vu arriver à Beauvais, aux élections, se refusant à tout acte qui tendît à reconnaître le gouvernement impérial. Mais ce fut à Beauvais qu'il reçut un courrier qui lui apprit que l'arrondissement de Clermont l'avait élu membre de la chambre des représentans, et il accepta. On a cru voir quelque incohérence dans cette conduite; on s'est trompé. Il a lui-même expliqué ses motifs; il a pensé qu'un homme n'est pas en droit de reprendre une nation de vive force, et que s'il y a volonté dans la nation de se soumettre, cette volonté doit être exprimée légalement. Les élections lui semblaient nécessaires pour reconnaître le vœu de la nation française, et il pensait qu'un citoyen ne devait jamais se refuser à faire partie

* Le 20 mars 1815.

d'une assemblée législative et encore moins d'une assemblée constituante. Il fut donc membre de la chambre des représentans pendant les cent jours, parce qu'il suivit en 1815 les principes qui l'avaient dirigé en 1789.

Au retour du Roi, on ne le raya point de la chambre des pairs : on crut n'en avoir point le droit, parce qu'il était, comme duc de La Rochefoucauld, ancien pair. Mais, lorsque le Roi se rendit à l'ouverture des chambres, on invita à sa suite tous les chevaliers des ordres, excepté le duc de La Rochefoucauld. Le ministre le plus en faveur alors* fit, sur ma demande, tous les efforts possibles pour empêcher cette exclusion, il n'y réussit point; mon père m'écrivit à ce sujet : « Je » vous remercie, mais je ne crains pas les dis- » grâces de cour; c'est ce dont elle peut le plus » disposer à sa volonté. Je ne changerai pas ma » conduite qui est celle d'un bon Français. On » peut jouir de l'estime publique en étant mal » à la cour; c'est une ancienne maladie de fa- » mille qui ne m'empêchera pas de servir les » intérêts du Roi de mon mieux. » Ainsi, les

* M. le duc Decazes, ministre de la police.

chevaliers des ordres entrèrent à la suite du Roi dans la chambre des députés, et on aurait pu dire du cordon bleu du duc de La Rochefoucauld comme de l'effigie de Brutus, qu'il effaçait les autres justement parce qu'il n'y était pas. Le duc de La Rochefoucauld se rendit néanmoins à cette cérémonie, mais à son rang parmi les pairs. Il y était paré de ses ordres; et son cordon bleu, seul au milieu d'eux, n'avait peut-être jamais paru plus honorable ou plus honoré.

Le duc de La Rochefoucauld continua, comme il l'avait dit, à servir le Roi et la France de son mieux dans la chambre des pairs. En 1814, il avait fait un travail important sur la question relative à l'importation des fers étrangers *; il avait rappelé avec satisfaction que c'est à la liberté absolue du commerce dans l'intérieur du royaume, à la suppression des corporations, des jurandes, des marques, des inspections, des gênes de toute espèce, que l'on doit les progrès immenses que l'industrie a faits en France depuis

* Discours prononcé à la chambre des pairs, le 29 novembre 1814.

la révolution ; mais il avait rappelé en même temps que la France doit la naissance, le perfectionnement et la grande extension de plusieurs des branches de son industrie, au régime prohibitif qui a duré quatorze ans sous le gouvernement impérial, et qui a empêché l'industrie étrangère de venir étouffer par ses produits perfectionnés nos essais et nos efforts. Il tirait de ces deux faits incontestables la nécessité de sacrifier, dans l'intérêt du royaume, l'intérêt particulier à l'intérêt général, et de préférer à l'extérieur l'intérêt de l'industrie nationale à un système de liberté absolue, tant que cette liberté absolue serait nuisible à l'industrie nationale.

Depuis 1815 jusqu'à sa mort, le duc de La Rochefoucauld a soutenu dans la chambre des pairs les opinions fondamentales de la liberté la plus sage et de la royauté constitutionnelle. Il y présentait ses oppositions avec tant de bonne foi que personne n'était hostile envers lui, comme il n'était hostile envers personne. « Chacun a ses lumières, disait-il, » dans une dose plus ou moins étendue; et » quand il les soumet à cette chambre avec » franchise, il est assuré d'être écouté avec

» cette tolérance et cette justice qui sont les » caractères essentiels de l'amour de la vé» rité *. »

Ainsi, sur l'inamovibilité des juges, il réclamait les anciens principes des libertés françaises, qui étaient que le pouvoir de juger a toujours été regardé comme un office et non comme une commission **. En parlant du clergé, il établissait que le sacerdoce est une fonction publique dans l'État *** ; au sujet des élections, il disait que la chambre des députés, pour être utilement royale, devait être formée avec des élémens populaires ****. Jamais, quand il a été ami des ministres, il n'a prononcé en leur faveur une opinion de complaisance; jamais, quand il a été en opposition avec les ministres, il n'a prononcé

* Discours prononcé à la chambre des pairs, le 24 février 1816.

** Discours prononcé à la chambre des pairs, le 19 décembre 1815.

*** Discours prononcé à la chambre des pairs, le 24 février 1816.

**** Discours prononcé à la chambre des pairs, le 2 avril 1816.

contre eux une opinion contraire à ses principes.

Mais tandis qu'il remplissait avec conscience ses fonctions de pair, il trouvait encore le temps nécessaire aux fonctions de bienfaisance dont il s'était chargé. Il était membre du conseil des prisons, et concourut à toutes les améliorations du régime des prisonniers. Il avait été le premier à solliciter l'établissement d'une prison particulière pour les jeunes gens âgés de moins de seize ans, dans l'espoir de les ramener à la vertu et aux bonnes mœurs, en leur donnant, pendant le temps de leur détention, du travail et de bonnes instructions. Mais lorsqu'en 1815 on adopta le projet du duc de La Rochefoucauld, un autre fut chargé de cet établissement *.

Il était aussi membre du conseil-général des hospices de Paris, dont la surveillance journalière est pour les malades et les indigens la protection la plus efficace; de ce conseil, dont les rapports **, aussi intéressans qu'utiles, ont montré combien la bienfaisance est

* M. le duc Mathieu de Montmorency.

** Rapports rédigés par M. le marquis de Pastoret.

étendue, et combien elle a produit d'heureux effets. Le duc de La Rochefoucauld était chargé particulièrement de l'hôpital Saint-Antoine et des deux hospices des Incurables *. Il avait sous sa surveillance la boulangerie et la pharmacie, et il entrait dans les détails de ces deux services avec un soin qui rendait impossible tout motif de plainte, et une bonté qui le faisait bénir des employés qu'il dirigeait.

En un mot, il avait su se créer un ministère de bien public; chacune de ses actions était un bienfait, et, partisan zélé de l'ordre et de la publicité, il s'occupait chaque année de la rédaction des rapports et des comptes rendus de la plupart des administrations dont il faisait partie **.

En 1823, tous ces bienfaits cessèrent.

Je dirai sans aigreur, mais sans ménagement comment la main active et protectrice

* Le duc de La Rochefoucauld était propriétaire de plusieurs lits que ses ancêtres avaient fondés à l'hospice des Incurables.

** Rapport de M. le baron Delessert à la caisse d'épargnes.

du duc de La Rochefoucauld fut arrêtée tout-à-coup.

La première cause de la direction suivie par le ministère créé en 1821 a été son origine même. Le Roi ne l'a pas choisi, la majorité de la chambre le lui a imposé. Il en est résulté que, devant son élévation à ses nombreux amis, il a dû les satisfaire. Il est vrai qu'il s'est séparé de quelques-uns trop considérables pour se contenter d'un rang subalterne; mais il a été forcé d'en conserver un assez grand nombre, et il lui a fallu s'emparer de tous les emplois, même de ceux gratuits, pour s'attacher sûrement ses amis. Enfin ce ministère, plus habile encore qu'on ne l'a dit, a changé souvent des fonctions gratuites en fonctions salariées, pour rendre les ambitions qui lui sont soumises un peu plus productives.

Le duc de La Rochefoucauld occupait huit places d'administration, et cette cumulation n'était pas d'un dangereux exemple, puisqu'elles étaient gratuites. On commença par lui envier celle d'inspecteur-général de cette école d'arts et métiers qu'il avait fondée. Mais au lieu de la lui retirer franchement, on a supposé qu'il était nécessaire de transférer

5..

cet établissement de Châlons à Toulouse. On a profané la signature du Roi en l'apposant à une ordonnance fictive qui ne devait jamais être exécutée *; et sous ce prétexte on a supprimé l'inspection générale de cette école, pour en confier les fonctions à un directeur-général, auquel un traitement considérable avait été alloué.

On s'occupa en même temps d'enlever au duc de La Rochefoucauld les fonctions de membre du conseil-général des prisons. Ici encore on n'osa pas l'attaquer ouvertement; on publia une ordonnance ** portant que la moitié de ce conseil serait renouvelée le 1er. janvier suivant. Le duc de La Rochefoucauld ne pouvait plus y rester que six mois avec les plus estimables de ses collègues, et s'il n'en était pas sorti, il s'y serait trouvé avec des hommes nouveaux, choisis par le ministère dans des opinions opposées aux siennes. Il n'y aurait eu pour lui que des désagrémens à éprouver dans cette administration, et aucune espérance de concourir au bien. Il sentit aussi

* Ordonnance du Roi du 26 juin 1823.

** Ordonnance du Roi du 25 juin 1823.

que le nouveau conseil, composé en majorité et au même instant par le ministère, ne conserverait plus l'indépendance nécessaire pour prendre la défense des malheureux. Frappé vivement de cette idée, il répondit le 4 juillet 1823 au Préfet de police, qui lui avait envoyé l'ordonnance du Roi, qu'il s'attendait depuis long-temps à la suppression d'un conseil destiné par son institution à surveiller les abus de pouvoir et les actes arbitraires; et que, reconnaissant l'inutilité du fantôme de nouveau conseil créé par l'ordonnance, il adressait à M. le Préfet de police sa démission. Le ministre de l'intérieur lui écrivit le 15 du même mois :

« Monsieur le Duc,

» J'ai l'honneur de vous informer que par ordonnance en date d'hier, motivée sur la lettre que vous avez écrite le 4 de ce mois au Préfet de police, le Roi vous a retiré les fonctions d'inspecteur-général du conservatoire des arts et métiers, de membre du conseil-général des prisons, du conseil-général des manufactures, du conseil d'agriculture, du conseil-général des hospices de Paris et du conseil-général du département de l'Oise.

» Le ministre secrétaire-d'état de l'intérieur,

» *Signé* Corbière. »

Le duc de La Rochefoucauld lui répondit le lendemain : « Monsieur le Comte, j'ai reçu
» la lettre que vous m'avez fait l'honneur de
» m'écrire en date d'hier, m'annonçant que
» par une ordonnance du Roi, dont l'amplia-
» tion n'est pas jointe à votre lettre, Sa Ma-
» jesté m'a retiré les fonctions d'inspecteur-
» général du conservatoire des arts et mé-
» tiers, de membre du conseil des prisons, du
» conseil-général des manufactures, du con-
» seil d'agriculture, du conseil-général des
» hospices de Paris et du conseil-général du
» département de l'Oise. Je ne sais comment
» les fonctions de président du comité pour
» la propagation de la vaccine, que j'ai intro-
» duite en France en 1800, ont pu échapper à
» la bienveillance de Votre Excellence, à la-
» quelle je me fais un devoir de les rappeler.

» J'ai l'honneur d'être, etc.,

» Le Duc de La Rochefoucauld. »

Ce rappel de la présidence du comité de vaccine eut son effet ; on n'osa pas la lui retirer directement ; on supprima le comité. Peu importe que ce fût un comité utile dont les bienfaits se répandaient dans les provinces où, en propageant la vaccine, il préservait la population d'un fléau destructeur! On portait peu d'intérêt à laisser faire le bien; on en portait beaucoup à ne pas le laisser faire par le duc de La Rochefoucauld. M. Charles Dupin a retracé avec éloquence * les travaux de ce comité. « Durant plusieurs années, ils se sont étendus, a-t-il dit, avec nos conquêtes, et les bienfaits de la philantropie française suivaient les pas de la victoire. Aujourd'hui nous n'avons plus nos conquêtes, mais les peuples ont gardé nos bienfaits; c'est là ce qui fait vivre notre mémoire dans leurs cœurs. Quand ces peuples apprendront que nous avons perdu l'ami de l'humanité, le philantrope auquel ils doivent l'inestimable présent de la vaccine, des pleurs généreux couleront des yeux de toutes les mères sur les bords du Tibre et de l'Arno, de l'Elbe et du

* Discours prononcé le 30 mars 1827.

Wéser, et les peuples se diront : « Voilà donc » encore la mort d'un de ces Français généreux » qui s'efforçaient de cicatriser chez nous les » maux qu'enfantaient la guerre et la con- » quête? Bénie soit la mémoire de l'illustre » Français ! »

Mais n'anticipons pas sur les événemens ; nous n'arriverons que trop tôt à la fin d'une vie si pleine de bonnes actions. Disons surtout, disons aux étrangers que la France n'adopta jamais l'injustice, l'arbitraire et l'ingratitude. A peine le duc de La Rochefoucauld avait-il été honoré de la disgrâce du ministère, que l'Académie des sciences s'empressa de l'admettre dans son sein ; elle le mit au rang de ses académiciens libres. L'Académie royale de médecine s'empressa de même de l'appeler dans la commission qui remplaça le comité de vaccine. Les académies seront toujours les organes de l'opinion publique, parce qu'étant composées des hommes les plus éclairés de la nation, et qui sont réellement ses maîtres dans les sciences et dans les lettres, elles créent, elles forment chaque jour cet esprit public dont elles deviennent le lendemain les interprètes. L'Académie française en a donné dernièrement un mémorable exemple.

Au surplus, aucune puissance humaine ne pouvait empêcher le duc de La Rochefoucauld de continuer sa vie telle qu'elle avait été jusqu'à cette époque. Se confiant aux nombreux amis qu'il avait conservés dans chacune des administrations dont il avait fait partie, il ne cessa point de faire le bien, de prendre part à tous les établissemens utiles, et de rendre service chaque jour par ses recommandations particulières. Mais il eut soin d'agir souvent en secret, à l'insu du ministère; et il allait la nuit solliciter une admission à l'hospice, une place modique, une faible pension pour des malheureux, auprès de quelque administrateur, son ancien collégue, chez lequel il n'aurait pas voulu qu'on le vît entrer le jour. On a su, entr'autres faits, mais on n'a su qu'après sa mort, que lorsqu'on a arrêté des élèves de l'école de Châlons, lorsqu'on les a conduits garrotés comme des assassins, ce fut le duc de La Rochefoucauld qui leur procura dans leurs prisons et dans leur triste voyage les fonds nécessaires pour subvenir à leurs besoins et adoucir leur pénible situation. Encore prenait-il soin que ses bienfaits fussent ignorés. Il leur avait donné un avocat plein de zèle et de talent *, et il lui écrivait : « Je vous demande en grâce que mon nom ne soit pas prononcé. D'abord il serait absolument possible qu'il nuisît au succès que nous voulons obtenir, et puis j'ai une répugnance invincible pour les éloges publics. Je cherche à remplir mes devoirs dans toutes les positions, et j'ai assez du témoignage de ma conscience. C'est encore une fois bien sincèrement que je vous conjure de ne pas parler de moi. » C'est ainsi qu'il cherchait la véritable gloire, celle qui est sans ostentation. Il pensait que les bonnes actions pouvaient seules lui procurer une illustration digne de lui ; et il n'était fier du nom de ses ancêtres, que lorsqu'il nous rappelait qu'ils avaient été, avant tout, hommes de bien. Aussi écrivait-il à cette même époque à mon fils : « Songez toujours, mon cher petit, à vous rendre digne du nom que vous portez, dont l'honneur est le premier besoin et le premier bien. »

* Me. Claveau, avocat près la cour royale.

A Liancourt, il continuait aussi ses soins bienfaisans, et en quelque sorte paternels.

« Le duc de La Rochefoucauld, a dit M. Charles Dupin, a compris la grande obligation imposée à tous les chefs d'industrie, de propager parmi les employés de leurs ateliers, non seulement les connaissances utiles aux travaux matériels, mais des principes de morale, sans lesquels il n'est point de bonheur dans la vie privée non plus que d'honneur dans la vie publique. »

Il avait appelé auprès de lui M. Choron, aujourd'hui directeur de l'enseignement musical, qui se livrait alors aux soins de l'instruction élémentaire. Aussitôt, dans les ateliers de Liancourt, les enfans, dès l'âge de cinq ans, et ceux des adultes qui n'avaient encore reçu aucune éducation, furent enseignés d'après une méthode facile et prompte. Le duc de La Rochefoucauld suivait lui-même les cours comme s'il avait eu à apprendre, et on le voyait, là comme partout, se faire de ses bienfaits des amusemens.

Il conservait aussi dans ses amusemens les habitudes de la bienfaisance. Il se plaisait quelquefois à composer des vers; mais ce qu'il écrivait était toujours dirigé vers un but d'utilité. C'était tantôt des quatrains moraux qui pouvaient servir à l'éducation, tantôt des fables dont la moralité était instructive.

Un jour on avait déprimé devant lui dans la conversation les travaux du peuple; on l'avait nommé le petit peuple, et on avait exalté la force du gouvernement, la puissance d'un roi, la monarchie de Louis XIV. Rentré chez lui, il se représente un fleuve superbe, dédaignant les ruisseaux qui venaient humblement lui apporter le tribut de leurs ondes. Il peint les ruisseaux offensés de son insolence, et se vengeant de cet orgueilleux, en dirigeant leur cours vers d'autres vallées. Alors, dit-il,

En deux ou trois journées,
Le grand fleuve devint à sec;
Un passereau n'y mouillait plus son bec.

Et il ajoute :

Je ne vous dirai pas si la juste colère
Des ruisseaux un jour se calma,
Si l'eau revint à la rivière;
Ami de la paix, je l'espère,
Mais je n'en sais pas jusque là.

Enfin il tire de cette fable la moralité qui lui en avait inspiré la pensée.

Grands, gardez-vous d'injurier
Le petit peuple, en vos caprices;
Vous vivez de ses sacrifices,
C'est votre père nourricier.

S'il m'est permis de faire une observation sur cette fable, je remarquerai qu'elle contient la moralité opposée à celle exprimée dans la fable des membres et l'estomac de La Fontaine. Cet auteur célèbre vivait dans un temps où l'on ne vantait que le pouvoir ; le duc de La Rochefoucauld plus heureux se montrait, jusque dans les délassemens de son loisir, sincèrement attaché aux idées généreuses et utiles de son siècle, à ces idées qui ont fondé et qui affermissent chaque jour parmi nous le gouvernement constitutionnel.

Toujours en effet il fut ami de la paix, et toujours aussi il fut ami du petit peuple. Un grand service qu'il lui rendit fut d'avoir le premier adopté et fait connaître l'enseignement mutuel. Dès l'année 1815 il avait traduit de l'anglais la méthode de Lancastre, et avait fait hommage de son ouvrage * à l'académie des sciences, non par vanité de son travail, mais pour donner plus de publicité au système qu'il recommandait. En même temps il en fit l'essai à Liancourt, jouissant le premier du bienfait qu'il offrait aux autres. Il se plaisait à voir avec quelle satisfaction ses jeunes élèves adoptaient cette méthode. Il écrivit alors : « Les esprits forts de la contrée ont été vaincus, et les enfans eux-mêmes sont devenus » les avocats de leur institution. » Il la propagea ensuite dans les provinces, partout où sa voix put se faire écouter, partout où les conseils et les secours qu'il offrait furent acceptés, partout où il trouva seulement, comme il le disait lui-même, des yeux pour voir et des oreilles pour entendre. Mais cette impartialité d'examen ne fut pas toujours accordée, et il eut autant de zèle pour défendre cette méthode contre les persécutions qu'il en avait eu pour la propager. Il la fit prospérer du moins à Liancourt.

* *Système anglais d'instruction* ou Recueil complet des améliorations et inventions mises en pratique aux écoles royales en Angleterre, par Joseph Lancaster; traduit de l'anglais par le duc de La Rochefoucauld.

Ensuite, lorsqu'on eut conçu la pensée d'enseigner à la classe ouvrière l'application des sciences exactes à l'industrie, il fut le premier qui fonda une pareille école à ses frais. Il l'établit dans ses ateliers à Liancourt, et ce nouvel enseignement a prospéré dans ce bourg de douze cents âmes, tandis que la force du préjugé contre les idées nouvelles, a empêché qu'il s'établît dans une ville de soixante mille âmes, chef-lieu du département le plus riche de la France.

C'est à Liancourt aussi que le duc de La Rochefoucauld conçut et fonda cette admirable institution, la plus parfaite de toutes celles que la bienfaisance a produites : la caisse d'épargnes. On sait que les négocians et les banquiers les plus recommandables se sont joints au duc de La Rochefoucauld pour établir cette caisse d'épargnes à Paris *. Dans la seule année 1826, de simples épargnes, formées par 81,199 dépôts, ont composé une somme de 3,625,985 f. placés fructueusement et réservés pour les besoins à venir des per-

* La caisse d'épargnes, régie gratuitement par MM. Delessert, Lafitte et autres, est établie à la Banque de France, et reçoit les dépôts tous les dimanches, rue de la Vrillère, n°. 5.

sonnes industrieuses qui les ont économisés. « Voilà, dit encore M. Dupin*, le bien que peut produire un seul établissement fondé par des citoyens privés, lorsqu'il est dirigé par des hommes tels que l'élite de l'industrie française, et présidé par un La Rochefoucauld! »

A Liancourt, non seulement cette caisse d'épargnes est ouverte aux ouvriers économes; mais la retenue d'un cinquantième est faite à la paye de chacun d'eux: on en forme une masse sur laquelle il reçoit, lorsqu'il tombe malade, le tiers du prix de son travail ordinaire, et on lui paie ce tiers autant de jours que le médecin lui défend de travailler**.

Au surplus, le duc de La Rochefoucauld ne bornait pas sa bienfaisance au soin de ses ouvriers. Il acquittait, non seulement à Liancourt, mais dans dix-huit communes environnantes, le devoir de secourir les indigens. C'est un legs héréditaire qui lui était advenu, et dont il n'a point refusé les charges. Il fut toujours dans l'hospice fondé par ses ancêtres ce qu'il était à Paris dans une administration

* Discours prononcé par M. Dupin, le 30 mars 1827.

** Extrait de la statistique du canton de Creil.

plus considérable. La commission de l'hospice lui a rendu après sa mort ce témoignage : « Il se faisait, dit-elle, un devoir d'assister aux délibérations, qu'il dirigeait par sa sagesse, et qu'il ne forçait jamais par l'influence de sa position *. »

Les membres de la même commission ont dit encore : « Les fondateurs de l'hospice, ses ancêtres, firent sans doute un bien incalculable en créant un asile où la vieillesse pauvre et infirme trouve le repos et le bonheur pour ses dernières années, et où les indigens de cette commune et de celles environnantes viennent puiser journellement des secours alimentaires pendant la santé, et des moyens de guérison dans le cas de maladie ; mais tous ces secours, quelque bien distribués qu'ils fussent, ne purent qu'adoucir les douleurs de la misère ; ils ne la prévenaient pas. Les vues grandes et généreuses de celui que nous pleurons pouvaient seules remplir ce vide immense. Il y réussit en répandant parmi nous les bienfaits du commerce et de l'industrie, et en inspirant,

* Délibération de la commission de l'hospice de Liancourt, du 2 avril 1827.

par son exemple et ses conseils, l'amour du travail et de l'ordre, source de l'aisance et des bonnes mœurs. Ce grand œuvre, en doublant dans l'espace de peu d'années la population de Liancourt, en a banni la mendicité. »

Voilà un bel hommage. Il est vrai que les manufactures du duc de La Rochefoucauld sont pour ce pays une source intarissable de prospérité.

La filature de coton contient trente-deux machines à carder, trente-deux métiers dits Mull-Jenny, onze Troffels ou Continues, formant en tout sept mille broches. On y file deux cent cinquante livres de coton par jour, ce qui fait qu'on en consomme deux cent cinquante balles où trente-huit mille kilogrammes par année. On y emploie cent dix-neuf ouvriers, dont vingt-six hommes, quarante-neuf femmes et quarante-quatre enfans. Le prix moyen de leur salaire est de trente sous; mais comme les fileurs sont payés à la tâche, les bons gagnent de quatre à cinq francs par jour, ce qui leur procure plus que le double de ce qu'ils gagneraient aux champs.

La fabrique de cardes emploie environ quatre mille peaux, dont la valeur moyenne peut être estimée à 70,000 fr., et les payes de chaque semaine sont d'environ 900 fr. Les ventes des produits s'élèvent à 200,000 fr. Ce résultat est obtenu au moyen de quatre cent quarante-six ouvriers, dont près de quatre cents enfans qui travaillent tous à leur tâche*.

On voit combien la population de Liancourt est aidée par ces établissemens. Les enfans y gagnent, dès l'âge de cinq ans, plus que leur nourriture, et le travail les suit, pour ainsi dire, d'âge en âge, pour leur procurer en tous temps les moyens complets d'une honnête existence.

C'est dans cet état que le duc de La Rochefoucauld laissa ses manufactures au mois de janvier dernier, lorsqu'il vint à Paris prendre part aux travaux de la chambre des pairs. Depuis plusieurs années il ne s'y rendait que lorsqu'une question était essentielle et que sa décision lui semblait incertaine. Il vint s'opposer au projet de loi sur le sacrilége qui blessait ses sentimens religieux, ensuite à celui

* Extraits de la Statistique du canton de Creil, par le duc de La Rochefoucauld.

sur le droit d'aînesse qui lui semblait contraire aux principes des pères de famille; et, cette année, à celui sur la police de la presse. Il se préparait, quoiqu'il eût déjà passé sa quatre-vingtième année, à monter encore à la tribune et à parler contre ce projet de loi. Il n'était pas orateur; il ne cherchait, lorsqu'il parlait à la chambre des pairs, qu'à émettre quelques pensées simples et sages avec ce bon sens qui a été la plus éminente qualité de son esprit. Au reste, ce projet de loi me rappelle que Mirabeau écrivit à mon père dans une lettre particulière, en 1789 : « Il ne me serait pas possible de ne pas rendre comptables envers la patrie de tout ce que j'ai à dire et prédire ceux qui refuseraient de m'entendre, et qui doivent du moins se souvenir que la presse est un moyen de publicité qui n'est pas en leur puissance *. » C'est ce qui a été dit et prouvé cette année aux ministres actuels; mais mon père, dans un moment où le bruit public annonçait que le projet de loi serait retiré, me disait : « Si cela est aujourd'hui, je pars de-

* Lettre du comte de Mirabeau au duc de Liancourt, du 22 juillet 1789.

» main. » Et peut-être vivrait-il encore, s'il fût retourné à Liancourt.

La maladie du duc de La Rochefoucauld a été bien courte! Il se sentit indisposé le vendredi soir *, et le samedi la nouvelle en ayant été portée à ceux de ses fils qui étaient absens, on vit arriver après eux les médecins qui lui devaient quelque reconnaissance **, et qui vinrent, sans être appelés, se joindre à ceux de Paris qui lui prodiguaient déjà les soins les plus assidus ***.

Le duc de La Rochefoucauld a vu arriver sa fin avec le courage le plus simple. « Il faut » que tout se passe, a-t-il dit, le plus naturellement, » et il en donna l'exemple. Il fut dans ses derniers momens tel qu'il avait été toute sa vie. Ses pensées se reportaient sur les principes qu'il a toujours professés, sur la cause des Grecs qui l'intéressait vivement, et sur les perfectionnemens de l'industrie,

* Le 23 mars 1827.

** M. Colson, médecin de l'hospice de Beauvais; M. Lehelloco, médecin de l'hospice de Liancourt.

*** MM. Husson et Guerbois, médecin et chirurgien en chef du collége de Louis-le-Grand.

dont il semblait former encore, comme autrefois, ses plus douces espérances.

Ainsi on a vu tous ses sentimens constamment inébranlables. Il avait, comme je l'ai dit, adopté ses opinions politiques auprès de Louis XVI; il y avait, pour ainsi dire, formé aussi ses opinions religieuses. On sait que Louis XVI a été le plus saint, il est vrai, mais aussi le plus tolérant des rois. Le duc de La Rochefoucauld, pénétré des sages principes de la tolérance religieuse, s'était accoutumé, à côté de Louis XVI, quoique ne pratiquant pas les mêmes dévotions que ce vertueux monarque, à donner, partout où il a résidé, non seulement les preuves de sa croyance sincère aux vérités fondamentales de la religion, mais encore l'exemple de son respect pour les cérémonies. Aussi disait-il peu de momens avant de mourir : « Plus on » est honnête homme, plus on est religieux; » mais on garde sa foi pour soi, on est in- » dulgent pour les autres. » Il est vrai que comme il avait été impossible autrefois de l'égarer dans la société de d'Alembert, du baron d'Holbach, et de Condorcet, de même il était impossible de le porter à un zèle de dévotion au-delà de celui qu'il jugeait convenable. Les consolations de la religion ont entouré le duc de La Rochefoucauld. Elles lui ont été offertes non seulement par le respectable évêque de Beauvais, mais aussi par ses enfans, qui sont tous pénétrés, comme il l'était, des vérités éternelles, si consolantes pour ceux que Dieu rappelle à lui. Et comme il se refusa jusqu'à son dernier soupir à celles des pratiques auxquelles il ne croyait point, il dit: « Ce n'est point là la vraie foi; ce sont » les erreurs humaines. » Il ajouta quelques momens après : « Il est plus d'un catholique » qui meurt intérieurement convaincu des » vérités du protestantisme. » Il dit une autre fois : « Je sais où on veut me mener, et je ne » veux pas y aller. Je ne passerai jamais les » bornes de mes opinions religieuses. » Il ajouta : « Je suis d'accord sur le fond, mais » non pas sur la forme. »

Il était digne du duc de La Rochefoucauld, après avoir conservé pendant toute sa vie le caractère le plus noble et le plus franc, de repousser avec constance jusqu'à sa dernière heure tout acte d'une dévotion incompatible avec ses opinions, et qui par conséquent eût été de sa part un acte d'hypocrisie.

Le duc de La Rochefoucauld mourut le mardi 27 mars 1827, à quatre heures un quart du soir.

A peine les anciens élèves de l'école des arts et métiers de Châlons eurent appris par les journaux la mort de mon père, qu'ils vinrent à son hôtel demander la permission de lui rendre un dernier hommage en jetant religieusement de l'eau bénite sur son corps. Cette demande n'ayant pas été prévue par la famille, ils ne purent lui donner cette marque de reconnaissance. Il était naturel qu'ils cherchassent une autre manière de la prouver. Le jour de la cérémonie funèbre, ils se réunirent autour du cercueil et le portèrent sur leurs épaules depuis l'hôtel jusqu'à l'église. On sait avec quel recueillement cet hommage fut rendu *. Un silence religieux, une marche lente et triste, des sentimens profonds dans tous les cœurs, tout nous détachait en ce moment de toutes les pensées

* Voir le discours prononcé par M. le duc de Doudeauville, à la chambre des pairs, le 2 avril 1827.

humaines, et rien ne pouvait assurément inspirer la crainte d'un mouvement dangereux pour l'état social. A l'église, les élèves de Châlons entourèrent le catafalque; ils prièrent; ils allèrent à l'offrande, et chacun d'eux y déposa un léger don en mémoire de son bienfaiteur. Lorsque les tristes prières furent achevées, les élèves de Châlons reprirent le cercueil. Ce fut alors qu'un inconnu, sans déclarer son titre, sans montrer aucun ordre, sans avoir aucun signe qui le caractérisât *, fit avancer des porteurs. On cria que la famille ne permettait pas que le corps fût porté à bras, et les élèves le remirent avec regret sur le char; mais lorsque la famille, justement indignée, s'écria qu'assurément elle y avait consenti et qu'elle y consentait encore, ils reprirent le cercueil aux mains des porteurs. Déjà ils avaient traversé la cour tranquillement et fait quelques pas dans la rue Saint-Honoré; tout se calmait, et aucun tumulte ne pouvait survenir à la suite de ce transport, lorsque, sur un ordre secret remis

* On sut dans la suite que cet homme était un commissaire de police, le sieur Mazugues.

par le même homme à l'officier commandant, celui-ci ordonna à la troupe de tomber sur huit jeunes gens portant religieusement sur leurs épaules le corps de leur bienfaiteur! On n'eut aucun respect, ni pour les hommes ni pour la mort même. Le cercueil fut jeté dans la fange; il fut brisé!! Ainsi que je l'ai dit, jamais un plus sauvage attentat n'a été commis au sein d'une nation civilisée! jamais il n'y eut un acte plus illégal, plus révoltant et plus impie!! *

Eh bien, la mémoire du duc de La Rochefoucauld a été couronnée par un dernier triomphe qu'aucune puissance n'a pu empêcher. Lorsque le cortège fut arrivé à la barrière de Clichy, M. Charles Dupin a prononcé l'éloge du duc de La Rochefoucauld en présence de ses fils et d'un grand nombre d'artistes de tous genres, qui avaient suivi cette pompe funèbre par un doux sentiment de reconnaissance. Lorsqu'il a dit : « M. le duc de La Rochefoucauld n'a pas seulement aidé les hommes de l'industrie dans le sein des associations de bienfaisance ; il a répandu

* Extrait de ma déclaration au juge d'instruction, le 5 avril 1827.

individuellement de la manière la plus éclairée et la plus fructueuse d'innombrables bienfaits. Aussitôt qu'il découvrait quelques jeunes gens distingués par leurs talens, il se trouvait heureux de leur chercher, de leur ouvrir une carrière avantageuse, et de leur fournir les moyens de commencer leurs entreprises. » A ce moment beaucoup d'artistes ont mis la main sur leur cœur pour se désigner eux-mêmes ; et leurs camarades répétaient à demi-voix : « C'est bien vrai ; c'est au duc de La Rochefoucauld qu'ils doivent leur état. »

Je suis forcé de rappeler maintenant que la chambre des pairs ordonna une enquête au sujet des désordres commis aux funérailles du duc de La Rochefoucauld. Aussitôt le ministère ordonna une enquête judiciaire, et il obtint, par cette fausse apparenee d'équité, que la chambre des pairs suspendît la sienne jusqu'à ce qu'elle connût le résultat de celle commencée par la justice. Aucun résultat n'est advenu ; la procédure est étouffée ; et cependant la chambre des pairs ne reprend point la délibération qu'elle n'a que suspendue. Ainsi des jeunes gens pieux et reconnaissans ont été frappés, les insignes de la pairie et le corps d'un pair de France ont été traînés dans la boue : tout est resté impuni ! ! ! Il n'y a pas eu de justice pour les vivans ni pour les morts *.

Après cette profanation, le cercueil du duc de La Rochefoucauld, replacé sur le char funéraire suivi par ses fils, a été conduit à sa terre de Liancourt. Là, du moins, nous n'avons trouvé qu'affliction, respect et reconnaissance. Son corps a été enterré sous un monument trop simple, mais que la piété de ses fils embellira, monument qu'il avait fait élever au milieu de son parc pour être son dernier asile, et que le curé de Liancourt avait béni. A cette triste et dernière cérémonie, la population entière du canton, et un grand nombre d'habitans éloignés sont venus répandre des pleurs sincères et exprimer des regrets profonds. Liancourt, qu'il a pendant sa longue vie constamment aimé, protégé et enrichi, ne s'est

* Cet article était sous presse lorsque les journaux ont annoncé une ordonnance qui déclare qu'*il n'y a pas lieu à suivre*. Ainsi, un désordre a eu lieu, et personne ne l'a produit. On devrait dire franchement : il n'y a pas lieu à rendre justice.

pas montré ingrat envers lui. Ses habitans ont ouvert une souscription destinée à élever un monument en sa mémoire *. On a vu de même, dans le temps où la France a été constituée en république, la statue d'un ancien duc et pair, qui fut bienfaisant, placée au milieu d'une promenade publique **; et le Roi permettra sans doute à la commune de Liancourt cet hommage de reconnaissance dont la république française a fait honneur à la ville de Bourges.

Enfin, pour achever la peinture du caractère doux et paternel du duc de La Rochefoucauld, je dois dire qu'à la lecture de son testament, on a remarqué avec émotion qu'il a exprimé, au sujet du lieu qu'il avait désigné pour sa sépulture, le sentiment le plus délicat et le plus touchant : « Si le lieu de ma sépulture, écrit-

* M. le maire de Liancourt recueille en ce moment les souscriptions de ceux qui veulent contribuer aux frais de ce monument.

** La statue du duc de Béthune-Charost est au milieu de la promenade publique de la ville de Bourges, où elle a été placée en l'an VIII de la république française.

» il, répugne à mes enfans, bien que je pense » que c'est un préjugé, je consens néanmoins à » être porté au cimetière de Liancourt. » Tel a été, jusqu'après sa mort, celui qu'on doit nommer avec vérité et avec reconnaissance : *Le bon La Rochefoucauld.*

FIN.

FRAGMENS
DE MÉMOIRES
DU DUC
DE LA ROCHEFOUCAULD-LIANCOURT,
SUR SA VIE POLITIQUE.

(Le duc de La Rochefoucauld a écrit deux fois dans sa vie des mémoires sur sa vie politique : deux fois il les a brûlés. Il a lui-même exprimé les motifs de cette suppression. « Je ne peux écrire, nous a-t-il » dit, qu'avec une entière sincérité, et ce que je sais » est propre à blesser quelques hommes encore exis- » tans, et ce qui est pire encore, la mémoire de quel- » ques autres qui ont cessé de vivre. Je ne veux point » troubler la tranquillité des vivans ni flétrir la ré- » putation des morts par des vérités pénibles à dire. »

Quelques jours avant sa mort, il avait repris le projet d'écrire des mémoires et les avait commencés. « Je sens le besoin, nous dit-il, de laisser à mes » enfans et à mes amis quelques détails de ma vie » politique. » Il ajoutait : « Ils seront en petit nom-

» bre ; » et il paraît certain qu'il projetait de publier seulement ses observations sur les événemens auxquels il avait pris part, en rejetant toutes les anecdotes qui pouvaient blesser quelques-uns de ses contemporains. Voici le seul fragment que nous en ayons retrouvé :)

« Quoique ma jeunesse ne semble pas appartenir à ma vie politique, je crois devoir en dire ici quelques mots, car c'est à cette époque que j'ai pris le germe des pensées et des sentimens qui plus tard ont déterminé ma conduite dans les affaires publiques.

» J'ai reçu dans mon enfance l'éducation accoutumée alors, celle du collége, où huit à neuf cents élèves étaient uniquement employés à apprendre le latin, que bien souvent on ne savait pas en en sortant. Sans être un aigle dans mes études, je n'y étais pas un des écoliers les moins distingués, c'est-à-dire que je savais un peu mieux le latin que quelques-uns de mes camarades ; et quoique la connaissance de cette langue soit une base solide et essentielle de l'instruction, elle est pour des jeunes gens destinés à vivre dans le monde, plutôt un moyen de faciliter les études auxquelles on veut ultérieurement se livrer, qu'une science acquise et isolément utile.

» A seize ans j'étais déjà dans le service, et j'entrai dans le monde. A dix-sept ans j'étais marié; c'était l'usage du temps.

» Appartenant à des parens vertueux jusqu'à la sévérité, à une famille où le véritable honneur, l'honneur de morale, de vertu, de justice, de délicatesse, d'élévation de sentimens, se perpétuait de génération en génération, je dois à leurs bons exemples, à la sévérité de leurs mœurs, et même à ce que l'on pourrait appeler de l'exagération dans leurs principes, en les comparant à la douce facilité des mœurs d'alors, d'avoir été préservé de grands écueils dans ma jeunesse.

» Mais je ne tardai pas à sentir combien était incomplète mon instruction. La société de ma mère * et celle de ma tante ** étaient graves; les conversations y roulaient toujours

* Marie de La Rochefoucauld, seconde fille du duc Alexandre de La Rochefoucauld, mariée en décembre 1736 à Louis-Armand-François de La Rochefoucauld, duc d'Estissac.

** Louise-Elisabeth de La Rochefoucauld, fille

sur des objets sérieux, et quoique mon ignorance à mon âge se cachât sous le silence, je sentais souvent que ce silence était forcé. J'éprouvais cette triste conviction dans d'autres sociétés d'hommes instruits que j'avais grand plaisir à rechercher; et j'en étais honteux. Je me déterminai donc à reprendre moi-même mon éducation, et je mettais souvent autant de zèle à enlever quelques heures à mon plaisir pour l'étude, que d'autres fois j'en mettais à laisser là l'étude pour courir aux plaisirs; car j'étais loin d'être un Caton.

» Au moins ai-je été dirigé toujours par le sentiment. On ne fait rien de bien dans la vie que par sentiment. Je n'entends pas dire que la réflexion, la méditation, ne dirigent pas utilement le sentiment, et que même quelquefois elles ne fassent agir sans lui; mais je veux dire que ce qui est dû à la réflexion n'est qu'éphémère et passager, et que le sentiment seul règle les habitudes de la vie entière. Demandez à l'homme réellement bienfaisant

aînée du duc Alexandre de La Rochefoucauld, mariée le 28 février 1732 à Jean-Baptiste-Louis-Frédéric de La Rochefoucauld, duc d'Enville.

qui paraît s'oublier pour aller rechercher le malheur et le soulager ; demandez à l'homme courageux qui affronte mille fois la mort sans paraître soupçonner le danger ; demandez au vénérable ministre de la religion qui se refuse le nécessaire pour porter assistance aux pauvres de sa paroisse, et qui brave constamment les veilles, les fatigues, et souvent l'ingratitude, dans l'espoir de porter la consolation aux malheureux et la paix dans les familles; demandez-leur quels motifs les déterminent aux sacrifices auxquels ils se dévouent : ils vous répondront qu'ils ne font pas de sacrifices; ils s'étonneront de vos éloges et vous diront que ce qu'ils font est pour eux un plaisir, une jouissance, un besoin; le prêtre vous ajoutera qu'il est guidé par la religion, mais la religion est pour lui un sentiment profond, impérieux; il est tel pour tous ceux qui en sont pénétrés, et ce sentiment est devenu en lui un besoin. Je le répète : l'exemple, la réflexion, la vanité, feront faire parfois des actes de dévouement et de vertu de tous les genres à des hommes qui n'en ont pas le sentiment dans le cœur, mais ces actions seront isolées; ce sont des exceptions au ca-

*

ractère habituel, à la manière d'être et de sentir accoutumée. On n'est honnête homme qu'à demi quand on ne l'est que par réflexion. Une telle probité n'inspire pas de confiance et ne donne pas de bonheur. Pour être honnête homme tout-à-fait, il faut l'être parce qu'on ne peut pas être autrement, parce qu'on serait malheureux si on ne l'était pas; et ce que je dis de la probité, je le dis de la bienfaisance, du courage, ainsi que du dévouement religieux. On dit souvent que la vertu est une suite d'efforts, qu'il n'y a pas de vertu sans combats. J'accorde que l'homme le plus vertueux peut avoir quelquefois à lutter avec lui-même; mais la vie ne peut pas être une suite de combats. La vertu constante serait alors une succession continuelle de malheurs, et elle n'est pas cela. L'idée de la vertu entraîne au contraire celle de la satisfaction et du bonheur.

» Lorsqu'advint la révolution, sans avoir jamais joué un grand rôle dans les événemens multipliés auxquels elle a donné lieu, je les ai vus de près.

» Mais comment écrire sur un point aussi important de notre histoire, quand on n'a que des faits sans la connaissance certaine des causes qui les ont produits? Et comment hasarder d'en expliquer les causes quand on n'a pas la conscience de les connaître dans leur vérité? Les causes d'ailleurs, je les connais moins que bien d'autres dont le nom a été moins souvent prononcé que le mien dans le cours de la révolution, c'est-à-dire depuis 1789, pendant l'assemblée constituante, et dans l'année suivante. Jamais je n'ai été immiscé dans les secrets des grands meneurs, quoique j'aie été constamment du côté gauche de l'assemblée, et jamais je n'ai cherché à l'être. Plus d'une fois j'ai laissé échapper volontairement bien des fils que j'aurais pu démêler; plus d'une fois j'entrevoyais des secrets que je ne voulais pas pénétrer : mon caractère m'a toujours éloigné de ce qui ressemblait à l'intrigue.

» Les excès, et par-là les dangers de la révolution, se sont présentés à moi de bonne heure; j'y ai vu bientôt un torrent qui devait entraîner les plus modérés. J'ai vu de bonne heure une déraisonnable opposition aux mesures les plus sages, qui devait exaspérer les esprits et entraîner la majorité de l'assemblée constituante à des exagérations funestes au bien de l'état; j'ai vu les intérêts personnels prévaloir dans les meneurs sur le véritable amour du bien, sur le véritable amour de la patrie; et j'ai dû me faire un plan de conduite analogue à mes principes, analogue à mon caractère, analogue à mes devoirs et à mon profond attachement pour le Roi. Ce plan de conduite qui devait exprimer à-la-fois mon amour pour la liberté, pour la réforme des monstrueux abus qui environnaient la législation et l'administration françaises, et qui, dans plus d'un point, offensaient la justice et la raison; ce plan, qui devait exprimer aussi mon dévouement à la monarchie, mon respect pour les propriétés, mon horreur de l'injustice; ce plan, dis-je, ne pouvait pas être suivi sans quelques difficultés et sans constance. Il m'attirait des blâmes de toutes parts; aussi, tandis que j'étais traité de tiède, de modéré, de douteux par les exagérés du côté où je siégeais, les exagérés du côté droit me proclamaient jacobin, révolutionnaire, traître au Roi, et, ce qui pour eux était pis encore, traître à la noblesse. Mes actions, mes intentions ont donc plus d'une fois été calomniées et le sont encore tous les jours. J'ai toujours eu pour soutien ma conscience, appuyée sur un entier dégagement de tout intérêt personnel. Je crois ma vie politique sans reproche. Je l'ai sévèrement scrutée bien des fois. Je crois avoir rempli tous mes devoirs, et comme honnête homme et comme bon Français. »

VERS

POUR LE PORTRAIT

DE M. LE DUC

DE LA ROCHEFOUCAULD-LIANCOURT;

PAR M. MARRON,

PRÉSIDENT DU CONSISTOIRE DE L'ÉGLISE CHRÉTIENNE RÉFORMÉE DE PARIS,
CHEVALIER DE LA LÉGION-D'HONNEUR.

Illa LIANCURTI est, ipsa est Virtutis imago:
Hoc vultu inter nos conspicienda fuit.
Unanimem hoc vultu sibi conciliabat amorem,
Cultaque communi vixit honore senex.
Livor at infremuit, meritorum conscius osor,
Ægraque legitimis laudibus Invidia.
In vivum implacata, in manes sæviit ipsos,
Funera flagitiis polluere ausa suis.
Hoc magis, ô generosa Virum venerare Juventus,
Sacrilegâ è rabie nobile calcar habens!

OUVRAGES

DE M. LE DUC

DE LA ROCHEFOUCAULD-LIANCOURT.

1. *Plan du travail du comité pour l'extinction de la mendicité*, présenté à l'assemblée nationale, en conformité de son décret du 21 janvier 1790. — 1790, in 4°.

2. *Travail du comité de mendicité*, contenant les rapports faits à l'assemblée nationale. — 1790, in-8°.

3. *Opinions* prononcées à l'assemblée nationale, en 1789, 1790 et 1791.

4. *Des prisons de Philadelphie*. — 1796, in-8°.

5. *Voyages dans les États-Unis d'Amérique*, en 1795, 1796, 1797 et 1798. — 1800, 8 vol. in-8°.

6. *État des pauvres*, ou Histoire des classes travaillantes de la société en Angleterre, extrait de l'ouvrage de Morton. — 1800, in-8°.

7. *Notes sur la législation anglaise des chemins*. — 1801, in-8°.

8. *Recueil de mémoires sur les établissemens d'humanité*, traduits de l'anglais.

9. *Système anglais d'instruction*, ou Recueil complet des améliorations et inventions mises en pratique aux écoles royales en Angleterre; par Joseph Lancaster. — 1815, in-8°.

10. *Réflexions sur la translation à Toulouse de l'école royale d'arts et métiers de Châlons.* — 1823, in-8°.

11. *Discours, Rapports et Comptes rendus*, à l'école de Châlons, à la société de la morale chrétienne, à la caisse d'épargnes et autres établissemens de bienfaisance, depuis 1800 jusqu'en 1823.

12. *Opinions* prononcées à la chambre des pairs, depuis 1814 jusqu'en 1826.

13. *Statistique industrielle du canton de Creil.* — Senlis, 1826, in-8°.

(En outre le duc de La Rochefoucauld a composé et publié plusieurs petits ouvrages in-32 pour l'instruction du peuple, entr'autres le *Dialogue d'Alexandre et Benoît sur la Caisse d'épargnes.*)

www.ingramcontent.com/pod-product-compliance
Ingram Content Group UK Ltd.
Pitfield, Milton Keynes, MK11 3LW, UK
UKHW022118190726
13855UKWH00003B/935

9 782012 9334